JN248363

地政学

サクッとわかる

ビジネス教養

奥山真司 監修
青山学院大学 講師

新星出版社

はじめに

introduction

国際政治が「劇」なら、地政学は「舞台装置」
国家の裏側にある思惑をひも解くスキル

現在では、インターネットを通じて海外のニュースに触れる機会も増え、ひと昔前にははるか遠い存在だった〝国際情勢〟というものがずいぶん身近になりました。世界はどんどん小さくなり、グローバル化が進んだ現在、教養として重要度を増しているのが、地球全体をマクロな視点でとらえ、世界各国の動向を分析する地政学です。

では、地政学とは何なのでしょう。研究者によってさまざまな答えがあると思いますが、私は「国際政治を冷酷に見る視点やアプローチ」と考えています。多くの日本人が思うよりも、国際政治での国家のふるまいは冷酷で残虐です。ここでいう〝冷酷〟とはどういうことか、詳しいことは、本編を読んでいただければおわかりになるはずです。

２０２０年現在、新型コロナウイルスの蔓延により世界中で未曾有の大混乱が起こっています。この混乱の背後で、アメリカと中国は世界の覇権をめぐって〝新冷戦〟ともいえる頂上決戦を行っているのにお気づきでしょうか？　この決戦は、世界の将来を左右するものですから、海外で活躍するビジネスマンなどは当然として、ほとんどすべての人に影響を与えるでしょう。こうした世界的な動きを正確に把握するには、地政学的な視点が絶対に必要なのです。

例えるなら、国際政治を「劇」とすれば、地政学は「舞台装置」です。「劇」の裏側で、そのシステム全体の構造を決めているのは「舞台装置」ですから、国際政治の表面的な部分だけでなく、その裏にある各国の思惑を理解するには、地政学の考え方を身につける必要があるのです。

本書を通じ、今後ますます混乱する世界情勢を理解する視点を身につけていただければと思います。

奥山真司

サクッとわかるビジネス教養

地政学

CONTENTS

Chapter 1
Basic Knowledge

地政学のルールを理解せよ！ 基本的な6つの概念

関係国とのリアルな情勢を知る
日本の地政学

Chapter
3
Great power
Geopolitics

世界を動かす大国の戦略が見える
アメリカ・ロシア・中国の地政学

Chapter 4
Other places Geopolitics

さまざまな思惑が複雑に絡み合う アジア・中東・ヨーロッパの地政学

STAFF

デザイン　鈴木大輔、仲條世菜（ソウルデザイン）

イラスト　前田はんきち

DTP　高 八重子

企画　千葉慶博（KWC）

編集　田山康一郎（KWC）、阿部雅美

編集協力　藤田健児

地政学とは……

地理的に衝突が頻発する

エリアI
アジア
〈現在の主な衝突〉
中国 VS アメリカ

3大エリアの衝突をマクロな視点で読み解く

「アメリカの大統領選挙」や「イギリスのEU離脱」など、世界のニュースが身近になった現在、国際情勢を読み解く教養として、注目を集めている地政学。とはいえ、地政学のことをはっきりと知っている人は、まだ少ないでしょう。

上図は、地政学の重要な概念を提唱したマッキンダーという人が描いた世界地図を簡略化したものです。地政学とは、おおまかにいえば地図の中央上部エリアの勢力と、周辺の対抗勢力との衝突をマクロな視点で研究するもの。

3大エリアをめぐる"国のふるまい"の研究

もう少し具体的にいえば、アジア・中東・ヨーロッパという3大エリアで、衝突に関係する国のふるまいの研究です。世界的なニュースのほとんどは、このエリアに関わっているるため、地政学を知ることは、世界の情勢を知ることにつながるのです。

地政学を戦略に活用すれば〝道〟や〝要所〟をおさえてエリアを一気に支配できる

効率的に、あるエリアを支配するには……

前のページで紹介したように地政学の本質は、世界をマクロな視点でとらえるものですが、もう少し身近に、ミクロな視点での地政学を見てみましょう。

地政学における国際情勢の研究では、「ある国やエリアを誰がどうやって支配するのか」が非常に重要なポイントです。地政学的に、支配するのにもっとも効率が良く、効果的なのが「道」と「要所」を手に入れること。

現在、国が存続するには、他国から石油や電子部品を輸入することは必須です。こうした物流は、山や海などの地理条件から経路が限られるため、通行できる「道」を必ず通ることになります。つまり、道を奪われると物流が破綻し、国は存続できないのです。さらに、道を奪うといっても、全体を監視する必要はなく、必ず通る要所だけを見張れば物流をコントロールでき、支配につながるのです。この重要性は「近所の主要路に関所（せきしょ）などを置かれた」と想像してみるとわかりやすいでしょう。このように、地政学をミクロな視点でとらえると、あるエリアを支配するための戦略が見えてきます。

ここを支配するには
迂回路のない
A地点だけを
見張ればいいのだ！

A地点

地政学を知ると

地政学の理論では中国の外交は**必ず失敗する**

急成長をとげ、一帯一路構想などで海外進出をする中国。しかし、地政学の理論で見ると、かつてローマ帝国や大日本帝国が衰退したのと同じ、ある重大な欠陥が（➡ P109）。

中国やロシアなど、内陸の大国は**領土を奪われないために拡大する宿命**が

ニュースなどで見かける中国やロシアの領土問題。いつの時代も内陸の大国は拡大する性質があり、それは領土を奪われる恐怖が影響しています（➡ P78、96）。

ローマ帝国に大英帝国、アメリカも。覇権国のスタートは**近海の制覇**

かつて世界の覇権を握ったローマ帝国に大英帝国、そして、現在その座はアメリカです。実はこうした覇権国の海洋進出で最初に行うのは、常に“近海の制覇”です（➡ P47）。

見えてくる世界の姿

日本では条約を守るのが当然。世界では**地政学的メリット**の優先が当たり前

日本人は、決まりを遵守するのが当然と考えますが、実は世界ではそれは少数派。世界では、自国の権益を守るため、地政学的なメリットを優先するのが当たり前なのです。

国際社会でのふるまいはイデオロギーでも世論でもなく**軍事力と経済力のパワーで決まる**

地政学を知ると、軍事力と経済力というリアルなパワーのみで動く、世界の論理が見えてきます。そこに、イデオロギーや世論、カリスマなどは関係ありません（➡P16）。

白村江（はくそんこう）の戦いから日中戦争、イラク戦争まで……。大きな国際紛争は**陸 VS 海の権力闘争**

地政学的な視点で見ると、これまで地球上で起きた大きな国際紛争は、陸勢力（ランドパワー）と海勢力（シーパワー）の闘争です（➡P22、24）。

Geopolitics Column

01

昔のセオリーがドイツやイギリス、アメリカで体系化されてきた！ 地政学の歴史

現在、世界中で研究されている地政学というアプローチが、どのように誕生し、発展してきたのか、その歴史を見てみましょう。

はるか古代から、戦争や物流において人間が物理的に移動できる距離や移動に適した地形など、地理に関するセオリーは存在していました。こうした知識を**近代的な戦略として初めて活用したのが、1800 年代後半のプロイセン王国、現在のドイツ**といわれています。プロイセンは地理や地形のセオリーを戦略として活用し、当時の大帝国であったフランスとの普仏戦争に勝利したのです。

こうして、「国際紛争や外交で役立つ実践的な学問として地理を研究しよう」という機運が高まっていきました。

日本でいうと明治時代に、**アメリカのマハンという軍人が、シーパワーやランドパワー（P22）の概念を提唱**し、**イギリスのマッキンダーという学者はマハンの主張を継承しながら、ハートランド（P24）という概念を提唱**しました。

その後、第二次世界大戦の時代にアメリカの学者、**スパイクマンによってリムランド（P24）という概念が提唱**され、地政学の基礎が完成し、体系化されていったのです。当時考え出された理論の多くは、現在の外交戦略でも活用されています。

Basic Knowledge

地政学のルールを理解せよ!

基本的な6つの概念

各国の情勢を地政学的な視点で検証する前に、
地政学の基礎的な概念を紹介します。「ランドパワー」や
「シーパワー」など、耳なじみのない言葉もありますが、
これさえ知っておけば、スムーズに理解が進みます。

基本的な概念1

地政学を駆使すれば世界を「コントロール」できる!?

地政学とは、簡単にいうと「**国の地理的な条件をもとに、他国との関係性や国際社会での行動を考える**」アプローチ。例えば、海に囲まれ、大軍が押し寄せるリスクが少ない日本と、内陸国で常に攻め込まれるリスクのあるウズベキスタンでは、防衛戦略は異なります。防衛以外でも、国際政治やグローバル経済などでの**国の行動には、地理的な要素が深く関わっている**のです。

地政学の最大のメリットは、**自国を優位な状況に置きながら、相手国をコントロールするための視点を得られる**こと。地政学を活用すればば、リスクの高い「戦争で領土を奪う」ことをしなくても、「相手国から原料を安値で買う」など、経済的なコントロールを考えることが可能になるのです。また、国家のふるまいは、「利益」「名誉」「恐怖」など、リアルな本能の部分が関わっています。イデオロギーを排除し、**地理的な側面から国家のふるまいを検証する地政学を学べば、国の本音を見抜けます**。

現在の覇権国であり、世界をコントロールする存在がアメリカです。アメリカは必要な相手を、「完全支配」から「選択的関与」「オフショア・バランシング」「孤立主義」という4つのオプションに分け、関与するレベルを考えています。

国同士のコントロール

相手より優位に立ち、相手を管理する

名誉
世界で威厳を保ちたい
利益
お金を儲けるチャンス
恐怖
領土を奪われないか
根本は人間の本能と同じ
売却
製品を高値で
購入
材料を安く
工作
歯向かわないよう

コントロールする国　　コントロールされる国

アメリカの4つのオプション

強 ↑ 関与のレベル ↓ 弱

完全支配 (Primacy)	アメリカが相手国の全土に出向いて軍隊を常駐させ、政策にまで関わり、国の運営のすべてを管理下に置く
選択的関与 (Selective Engagement)	アメリカにとって重要なエリアにのみ軍隊を駐留させる。必要な部分にのみコミットして、コントロールする
オフショア・バランシング (Offshore Balancing)	相手の領土には出向かず、少し離れた場所から様子を見つつ、必要に応じて圧力をかけるなど、間接的にコントロールする
孤立主義 (Isolationism)	コントロールというよりもアメリカの対外戦略の１つだが、軍隊を撤退させ、重要なとき以外は海外派兵をしない

基本的な概念2

他国をコントロールする戦略「バランス・オブ・パワー」は、要するに猿山理論

前節で紹介した、地政学の最大のメリットである〝相手をコントロール〟するための重要な考え方が、「バランス・オブ・パワー」と「チョーク・ポイント（P20）」です。

まず「バランス・オブ・パワー」とは、日本語にすると〝勢力均衡〟。突出した強国をつくらず、勢力を同等にして秩序を保つという国際関係のメカニズムです。これを地政学的に考えると、上位の立場の国が、下位の国へ仕掛ける戦略が見えてきます。例えば、**1位の国が勢力を増した2位の国に対し、3位以下の国と協力しながら挟み込んで国力を削ぐ**というもの。**2位以下の勢力を均一化し、抵抗を不可能にするという考え方**で、内容的には、猿山のボスと、その他の猿の力関係のようなシンプルな理論です。

この「バランス・オブ・パワー」で世界を制覇したのが大英帝国、昔のイギリスです。イギリスは、世界中の国と戦って勝利したわけではなく、無敵艦隊をほこるスペインや、ナポレオンのいるフランスなど、ユーラシア大陸で強大な勢力が登場したときのみ、周辺国と協力しながら戦い、世界を制覇したのです。さらに、アメリカは、冷戦以降、常にこの「バランス・オブ・パワー」を意識した対外戦略を展開しています。

バランス・オブ・パワーの考え方

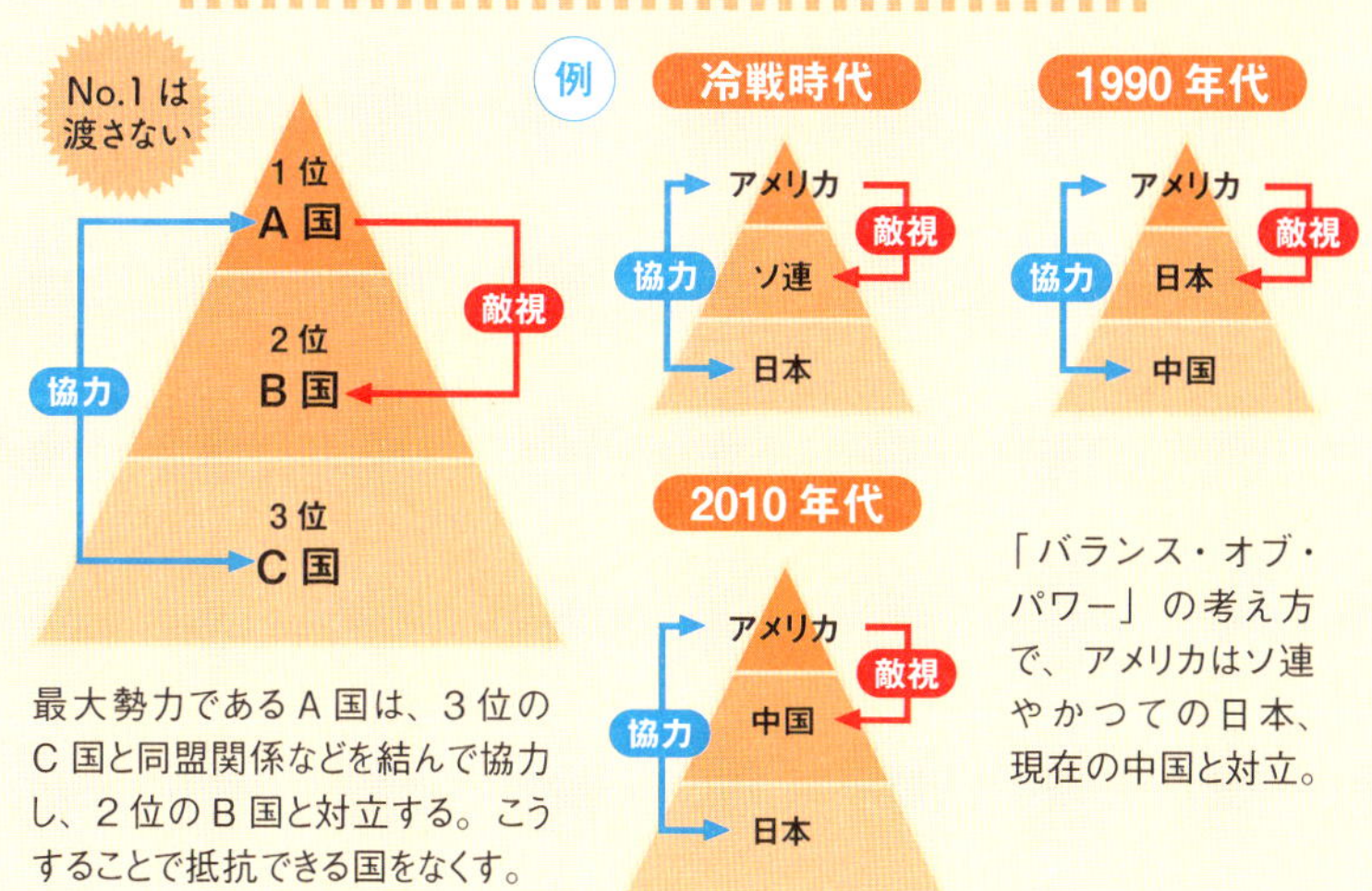

最大勢力であるA国は、3位のC国と同盟関係などを結んで協力し、2位のB国と対立する。こうすることで抵抗できる国をなくす。

「バランス・オブ・パワー」の考え方で、アメリカはソ連やかつての日本、現在の中国と対立。

かつて世界を席巻した英国流バランス・オブ・パワー

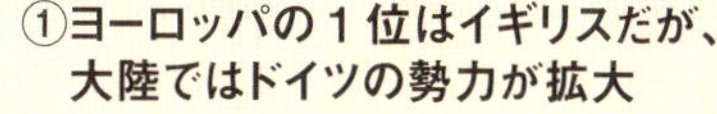

①ヨーロッパの1位はイギリスだが、大陸ではドイツの勢力が拡大

②ドイツ周辺国を支援しながら攻撃し、国力を低下させる

「チョーク・ポイント」をおさえて国家の命綱である「ルート」を支配する

〝必要な相手をコントロール〟するために重要な**「チョーク・ポイント」**を紹介する前に、**「ルート」**を知っておく必要があります。

ここでいうルートとは海上交通の道、つまりは海路のこと。グローバル化といわれる現在でも国から国、また、中東やアジアなどエリア間の**大規模な物流の中心は海路であり、国家の運営においてルートは命綱**です。「チョーク・ポイント」とは、この**ルートを航行するうえで絶対に通る、海上の関所**。具体的には、陸に囲まれた海峡や、補給の関係上、必ず立ち寄る場所で、世界に10個ほど存在するといわれています。ルートを支配するには、他国のコントロールに直結するチョーク・ポイントをおさえる必要があります。また、別の見方をすれば、他国をコントロールする際、陸海の両方に人員を配置するのは労力が膨大になるため効率が悪く、その点、チョーク・ポイントをおさえれば、低コストで大きな影響力を持てるのです。

現在、世界の多くのチョーク・ポイントをおさえているのが米海軍です。**アメリカが世界の覇権を握れるのは**、世界最大規模の陸軍や、最新鋭の戦闘機をそろえる空軍ではなく、**チョーク・ポイント、そしてルートを握る海軍の力**なのです。

チョーク・ポイントとは

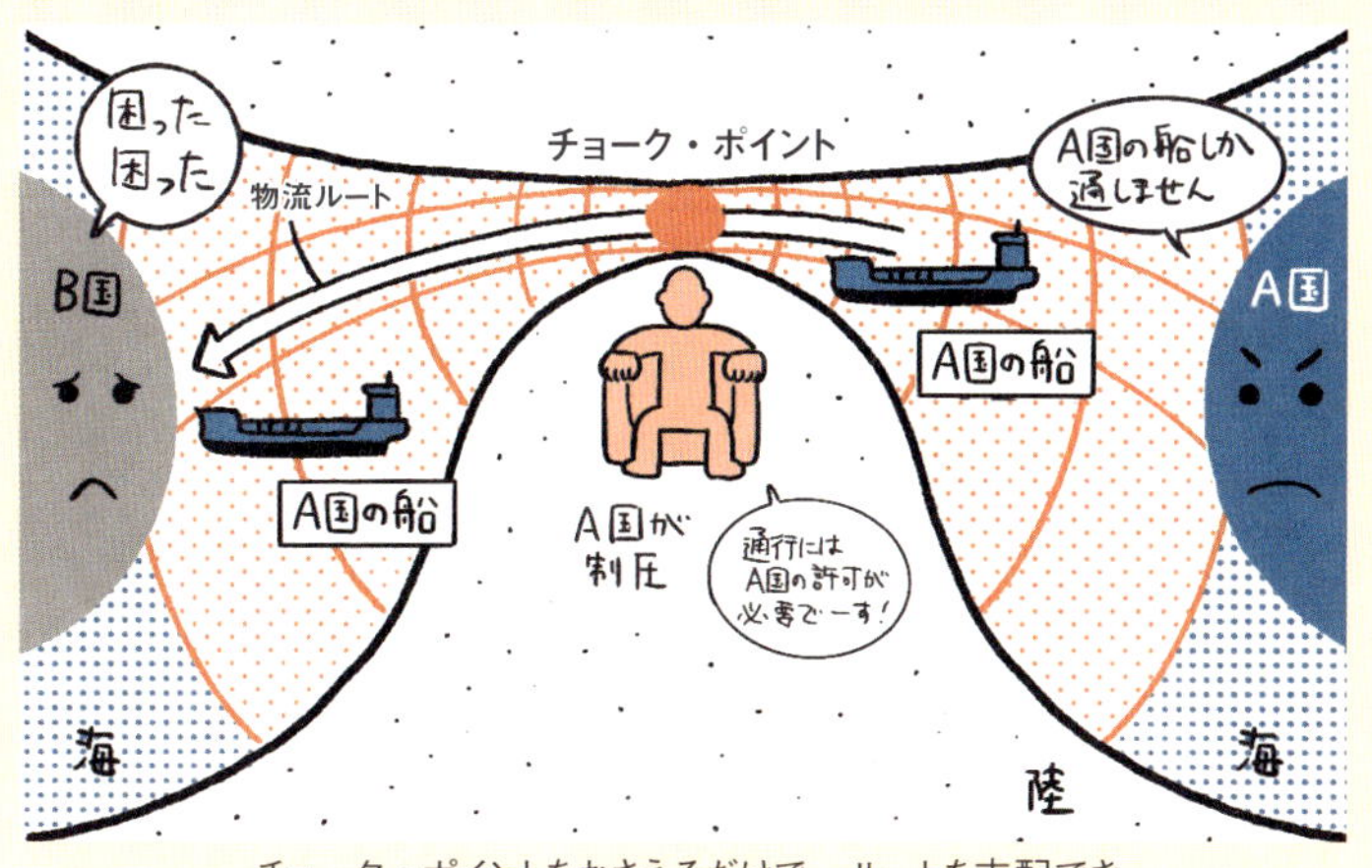

チョーク・ポイントをおさえるだけで、ルートを支配でき、
同時に周辺国にまで大きな影響力を持つことができる。

世界の主要なチョーク・ポイント

海流や水深などの自然環境や、貿易上の燃料費などのコスト、国際的なルールにより、ルートはある程度決まっており、確実にチョーク・ポイントを通る。

基本的な概念4

国際的な紛争に見え隠れする「ランドパワー」と「シーパワー」の正体

地政学の基礎的な概念である**「ランドパワー」とは、ユーラシア大陸にある大陸国家**で、ロシアやフランス、ドイツなどが分類されます。一方の**「シーパワー」とは、国境の多くを海に囲まれた海洋国家**のことで、日本やイギリス、大きな島国と見なされるアメリカなどのこと。

人類の歴史では、大きな力を持ったランドパワーの国がさらなるパワーを求めて海洋へ進出すると、自らのフィールドを守るシーパワーの国と衝突する、という流れを何度も繰り返しています。つまり、**大きな国際紛争は、常にランドパワーとシーパワーのせめぎ合い**なのです。

もう1つ、歴史から浮かび上がるポイントが、**〝ランドパワーとシーパワーは両立できない〟**こと。古くは、ローマ帝国はランドパワーの大国でしたが、海洋進出をして国力が低下し、崩壊。また、日本の敗戦も太平洋の支配に加え、中国内陸部への進出を目論み、シーとランドの両立を目指して失敗したと地政学では考えます。

近年でも、ベトナム戦争でアメリカが撤退したのは、シーパワーの国が大陸内部に進み過ぎたためと考えられます。国際情勢を読み解く際、関係する国がシーパワーかランドパワーのどちらかを考えるのは、非常に重要な視点です。

ランドパワーとシーパワー

ランドパワー

ユーラシア大陸内陸部の国々。陸上戦力を持ち、道路や鉄道を使った陸上輸送能力に優れる。

《代表的な国》

ロシア　中国　ドイツ　フランス

シーパワー

国境の多くが海洋に面する国々。海洋に出る船はもちろん、造船場や港湾施設などを持つ。

《代表的な国》

アメリカ　イギリス　日本

歴史を見ると、ランドパワーとシーパワーが交互に力を持つ

航海技術が未発達で、物流は陸上中心
ランドパワー優位

物流は陸路が中心で、海路は比較的近い場所同士の運搬に使われる程度だった。

スペインやイギリスが世界を席巻
シーパワー優位

大航海時代。スペインに無敵艦隊が登場したり、イギリスが世界中の海を制覇したりした。

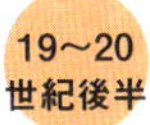

鉄道建設が進み、ドイツやロシアが台頭
ランドパワー優位？

鉄道建設が盛んになり、陸上交通が急激に発達。海上交通と同等の物流能力を得る。

アメリカと日本が世界の富を手中に収めた
シーパワー優位？

戦勝国であるアメリカや、その支援を受けた日本といったシーパワーの国が台頭。

大きな紛争は「ハートランド」のランドパワーと「リムランド」のシーパワーの衝突

シーパワー・ランドパワーは国の勢力の性質を示すものでしたが、地球上の領域に関する重要な概念が、「ハートランド」と「リムランド」です。

ハートランドとは、文字通りユーラシア大陸の心臓部で、現在のロシアのあたり。寒冷で雨量が少なく、平坦な平野が多いエリアです。古くから人が少なく、文明もあまり栄えていません。一方、リムランドは、**主にユーラシア大陸の海岸線に沿った沿岸部**で、温暖で雨量が多く、経済活動が盛んなエリアです。世界の多くの大都市がこの場所にあり、人口が集中しています。

P8で紹介した3つのエリアもリムランドであり、**他国に影響力を持つにはこのエリアの支配が重要**です。

ハートランドとリムランド、シーパワーとランドパワーの関係を見ると、内陸部であるハートランドの国は必然的にランドパワーに分類され、沿岸部のリムランドの国はシーパワーの影響が大きいでしょう。歴史上、厳しい環境のハートランドの国は、豊かなリムランドにたびたび侵攻しており、リムランドの国と衝突しています。つまり、地政学的には、**リムランドは「ハートランドのランドパワー」と「周辺のシーパワー」という勢力同士の国際紛争が起こる場所**なのです。

ハートランドとリムランド

ハートランド

ユーラシア大陸の中心エリア。長い間、北部は氷に覆われる北極海であり、海洋にはアクセスができなかった。(現在では一部溶解しており、部分的に通行が可能)

リムランド

古くから文明や都市が発展してきたハートランドの周縁（リム）のエリア。ヨーロッパや中東、中央アジア、東南アジア、東アジアなどが含まれるが、アメリカやイギリス、日本は含まれない。歴史的に、国際的な大規模紛争の多くはこのエリアで勃発しており、近年でもその傾向は変わらない。

《リムランドで起きた近年の大規模紛争》

1950年〜　朝鮮戦争（朝鮮半島）

1955年〜　ベトナム戦争（インドシナ半島）

2001〜2021年　アフガニスタン紛争（インド周辺）

2003年〜　イラク戦争（アラビア半島周辺）

地政学の進歩

地政学が学問として発展してきたのは1800年代後半。何人かの研究者によって、基礎的な概念が次々と提唱された。詳しくはP14

マハン

アメリカの軍人。「シーパワー」「チョーク・ポイント」などの概念を提唱。

マッキンダー

イギリスの学者。マハンの主張を受け、「ハートランド」という概念を提唱。

スパイクマン

アメリカのジャーナリスト出身の学者。「リムランド」という概念を提唱。

国同士の衝突の火種に!? コントロールに必須の「拠点」の重要性

相手をコントロールする際に、もう1つ重要なのが、足がかりとして〝拠点〟をつくること。ある**エリアをコントロールするには、その付近に拠点をつくり、レーダーで監視をしたり、軍隊を駐屯するなどして影響力を保持**します。そして、必要があればその影響の及ぶ範囲内に新たな拠点を築き、進行していくのです。

例えば、沖縄の米軍基地は、主に中国や北朝鮮に影響力を持つための拠点であり（P38）、横須賀の基地は、主に西太平洋対策の拠点です（P42）。ほかにも米軍は、インド洋のディエゴ・ガルシア島や、ドイツのラムシュタインなどにも大規模な拠点を展開し、対抗勢力であるイランやロシアを監視しています。

また、急成長をする中国は、アラビア半島に隣接する、アフリカ大陸のジブチ共和国に初の海外拠点を置き、同時に南シナ海にも続々と拠点を築きつつあります（P100）。どちらも、アメリカと対立しています。

さらに、ロシアとウクライナが対立した2014年のクリミア併合には、拠点の奪還という意味があります（P82）。このように、**国と国の小競り合いを見ると、コントロールに必須の拠点争いが原因**であることが多いのです。

拠点の重要性

イギリスのアフリカへの侵入

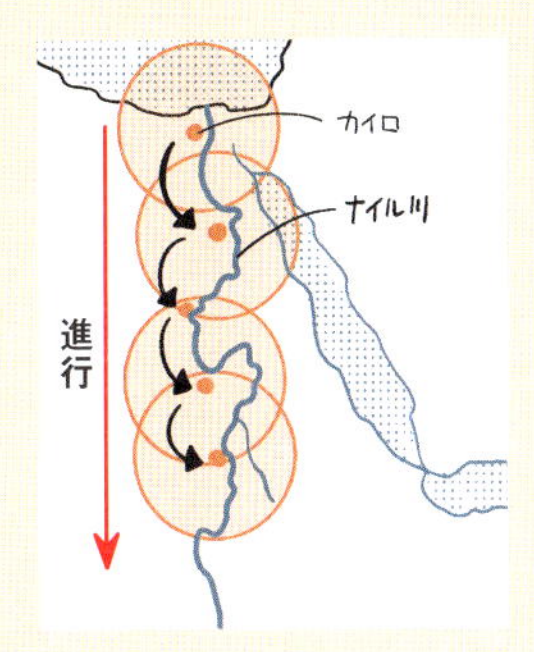

1800年代後半のイギリスは、まずナイル川下流の都市カイロを拠点にして影響力を保持して徐々に上流にのぼった。

海洋から陸地をコントロールする場合、沖合にある島に拠点を築き、陸地にまで影響力を保持する。

アメリカ軍の代表的な海外拠点

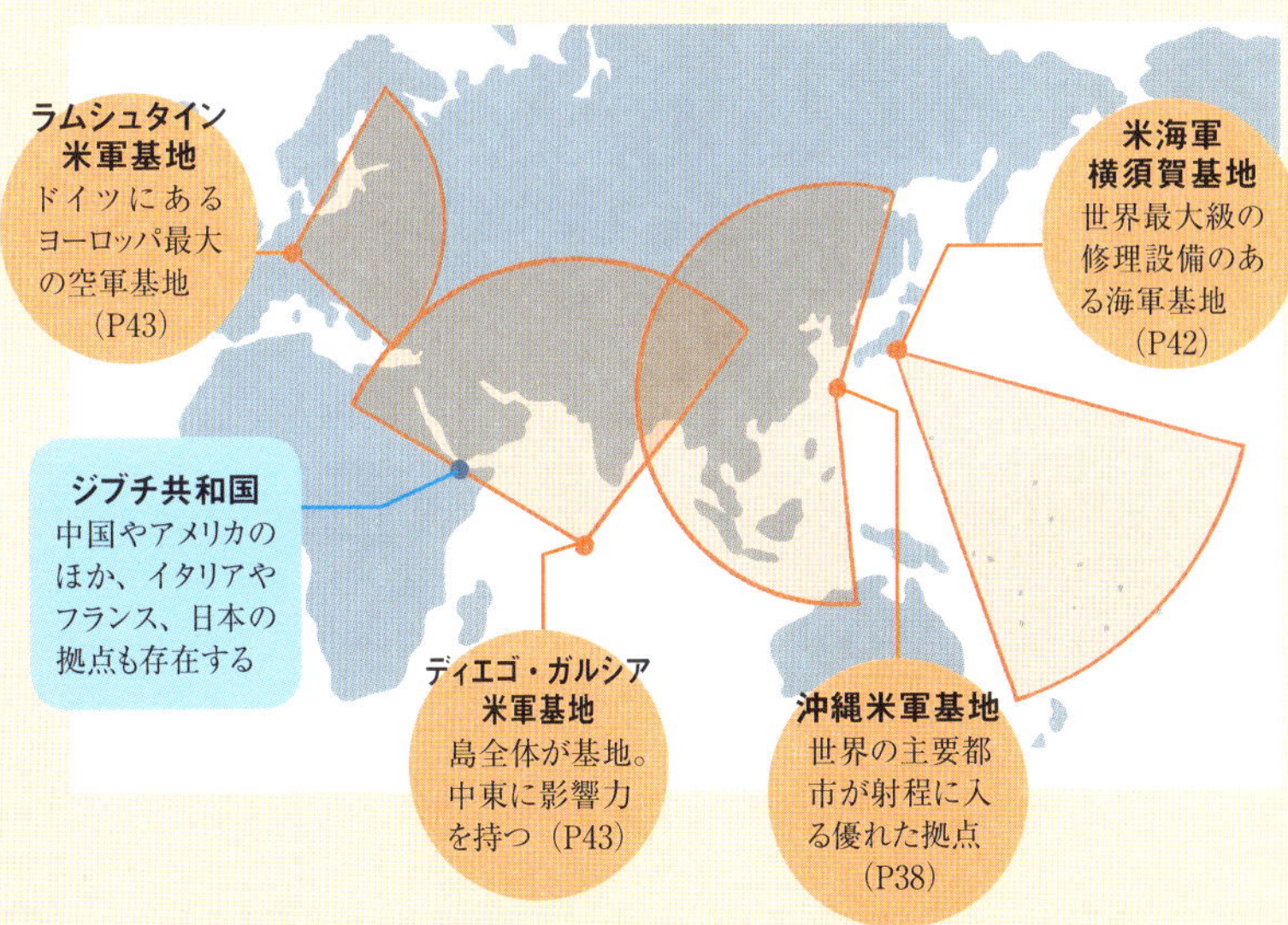

Geopolitics Column

02
その他の地政学の基礎概念「ビジュアライゼーション」と「大戦略」

ここまで6つの基本的な概念を紹介しましたが、地政学の中身ではなく、「地政学とはどういうものか」という部分において、あと2つ重要な概念があります。

1つが「ビジュアライゼーション」。地政学を学ぶと、宗教問題や人種・民族問題、根深い対立の歴史などの知識が必要になることもあります。もちろんそうした知識は役立ちますが、地政学は地理を前提とした学問であるため、**もっとも重要なのは地図であり、すべての内容は地図とともに説明できる**と考えているのです。地政学をできる限り「概念・簡易的な地図をビジュアル的に見せる」ことは本書のテーマの1つなっています。

もう1つの「大戦略」は、少々難しい話になりますが、戦争における国の戦略として、上位の概念から①世界観、②政策、③大戦略、④軍事戦略、⑤作戦、⑥戦術、⑦技術という階層があるとされています。地政学は、④軍事戦略の学問とされることがありますが、本来は③大戦略のための理論です。具体的にいうと、④〜⑥の実際の「戦い方」ではなく、部隊の配置や補給ルート、資源の配分方法という③大戦略を考えるための理論なのです。つまり、**“局地的な範囲ではなく、地図上の国を見る”のが、地政学的な視点**といえるでしょう。

Chapter
2
Japanese Geopolitics

関係国とのリアルな情勢を知る

日本の地政学

ニュースや新聞などでたびたび見かける
日本と、中国や韓国との対立。
その裏に隠された各国の思惑や本音を
地政学的な視点でひも解いていきましょう。

地政学的にとらえると、島国であること以外にも日本には多くの恵まれた環境がありました。

I 歴史

地政学的に見ると、日本は ①ランドパワー → ②シー&ランドパワー → ③シーパワー

~江戸時代後期

①長きにわたり内向きのランドパワー国家

白村江（はくそんこう）の戦いや元寇（げんこう）、朝鮮出兵以外では、諸外国との衝突はほぼなし。

明治~昭和初期

②海洋へ進出し、ランドとシーの両立を目指すも失敗

太平洋の覇権をめぐってアメリカと対立し、中国には満州国をつくるなど、海と陸の両方に進出。

第二次世界大戦後~

③アメリカの傘のもと、大きな力を持つ

敗戦後、アメリカの同盟国として、一時的に世界でもっとも裕福な国になるなど、勢力を拡大。

地政学で考える日本

II 国土

攻めにくい自然環境＆自給できる国土により独立を守る

海流や季節風などの影響で海外から攻めにくく、また、自給可能な面積と人口、生存に適した気候により建国以来、独立を維持。

III 衝突

長らく中国と朝鮮半島のランドパワー勢力と対立。韓国がある現在は例外的な時代

現在の日本の対立国は主に中国と北朝鮮で、米軍基地のある韓国とは、基本的には協力関係にあります。しかし、朝鮮半島は、歴史的に長らく日本と対立してきたランドパワー勢力側であり、現在は例外的な状態です。

解説

地政学的な優位性で独立を守れた島国日本

日本の歴史を地政学で見ると、**江戸時代まではとんど海外との衝突がほとんどなく**、島国でありながら内向きのランドパワーの国でした。**明治になると海洋進出を始め**、昭和には陸と海の両方に進出しますが失敗し敗戦。現在はアメリカのシーパワー勢力の一員です。

地理的な特徴は、海流や季節風に守られた島国で、かつ、自給可能

江戸時代より前、海外との衝突はたった3回

江戸時代より前の日本と外国の公式な衝突は、建国以降2500年以上ともいわれる歴史のなかで、飛鳥時代の「白村江の戦い」と鎌倉時代の「元寇」、安土桃山時代の豊臣秀吉による「朝鮮出兵」というたったの3回のみ。

海外→日本

① **663年**
白村江の戦い

② **1274年～**
元寇（文永の役・弘安の役）

日本→海外

③ **1592年～**
朝鮮出兵（文禄の役・慶長の役）

ランドパワーだった日本が海外へ向かった理由

明治期に産業の工業化により、農村で人が余り、都市に移動した人のために新しい土地が必要になりました。また、欧米諸国から国土を守る意識も理由の1つ。さらに、“アジアの盟主になる”という名誉も海外進出の理由でした。

理由1
欧米諸国から国土を守る
理由2
産業の工業化
理由3
アジアの盟主になる名誉
世界に進出するぞ！

な面積があること。海外から攻めづらく、また、貿易をしなくても国力を維持できたことは、**日本が独立を守れた**大きな理由の1つです。

また、日本はヨーロッパから遠かったため侵略されにくく、産業が発達する時間がありました。その間に軍事力をつけられたため、かつての中国のように植民地にならなかったのです。

国内の流通に関しては、陸上ルートの発達が遅く、**古くから流通の基本は海運だった**ことも日本の特徴です。

島国でも、長きにわたり独立を維持できる国はほとんどない!

「島国なら独立を保つのは難しくないのではないか」と思うかもしれませんが、数千年にわたり外国からの侵略がなく、独立を維持できた島国はほとんどありません。あまり知られていませんが、イギリスもかつて他民族に征服された歴史があります。

イギリス

1066年に「ノルマン・コンクエスト」という戦いでノルマン人に征服された。

フィリピン

300年以上スペインの植民地であり、その後もアメリカ、日本の支配下に。

国内の物流は海運が発達一方、陸上交通の発達は遅い

ランドパワーの時代も、五街道はありましたが、西廻り海運などが発達し、物流は海運が中心。一方、高速道路も含め交通網が完成したのは20世紀に入ってからであり、海路に比べ、陸路の発達は相当に遅かったのです。

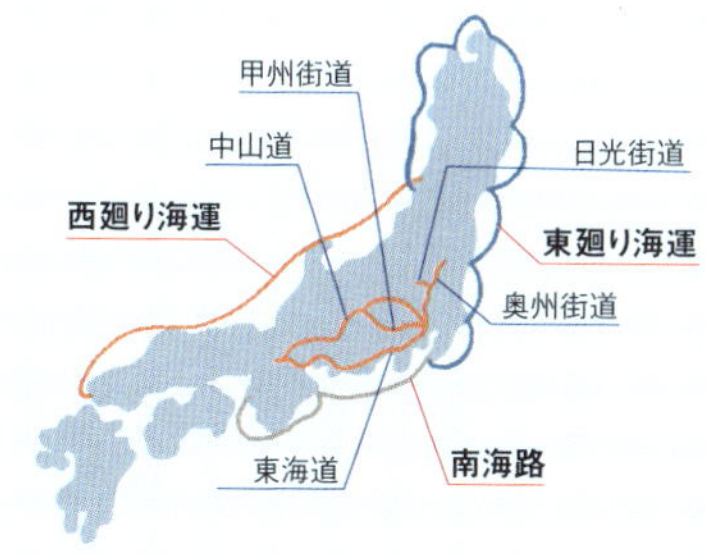

01 Question

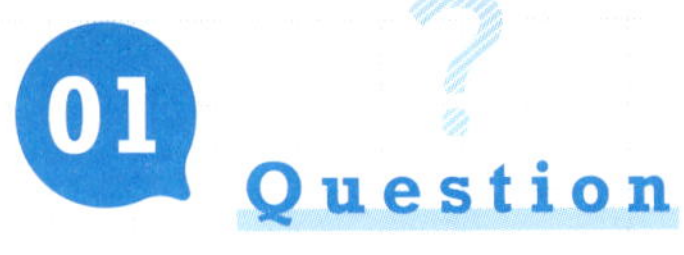

結局のところ

なんで北方領土はロシアから返還されない？

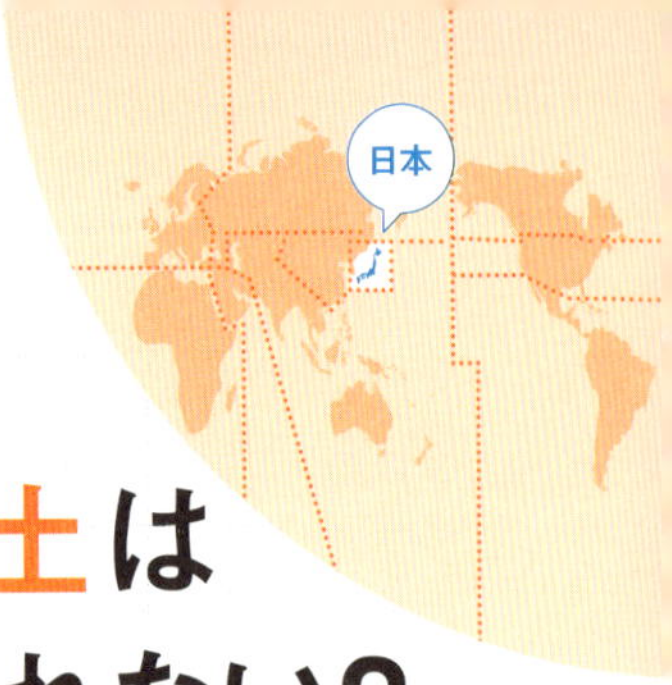

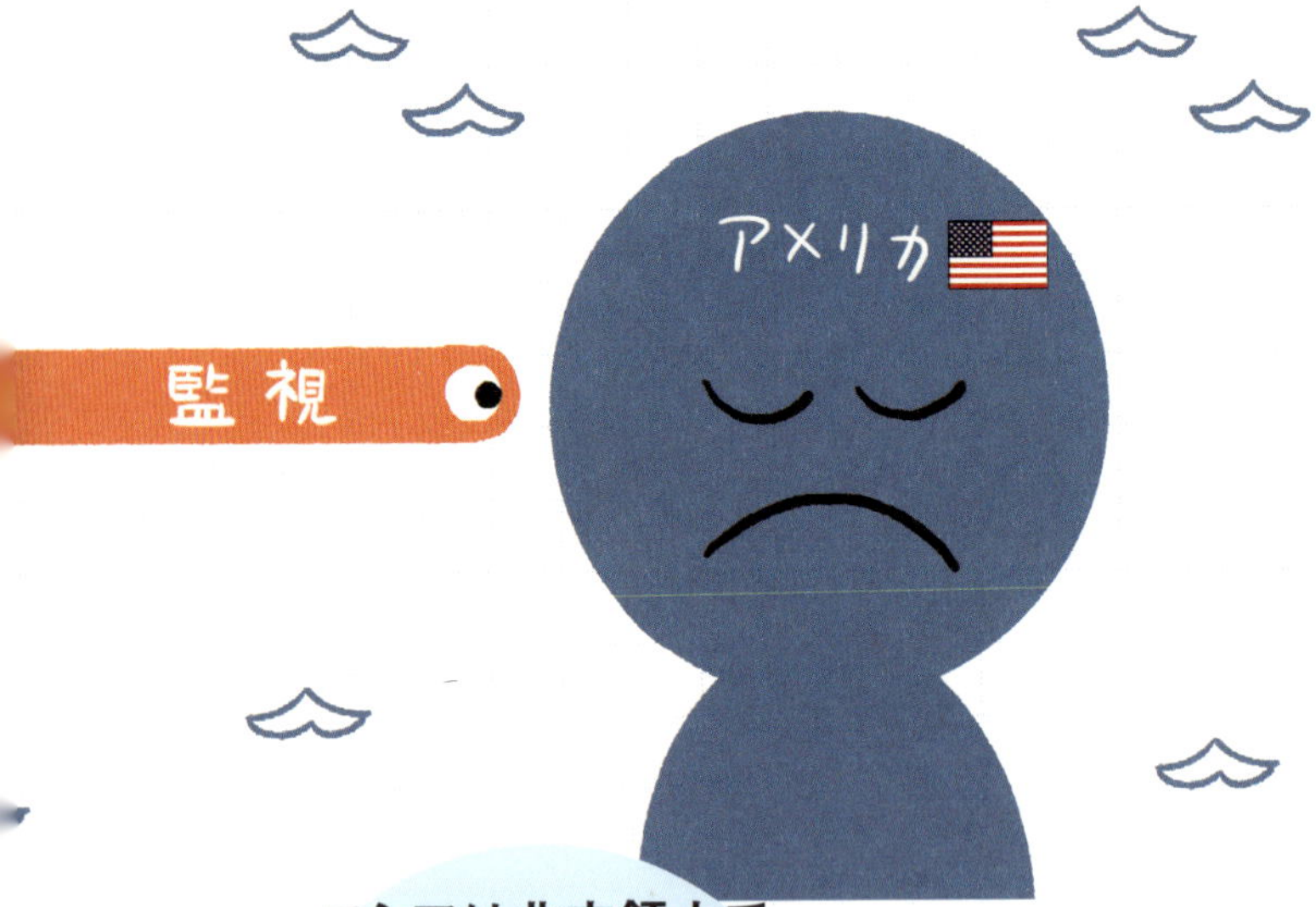

ロシアは北方領土で海の向こうの大国をけん制

返還されない 理由1

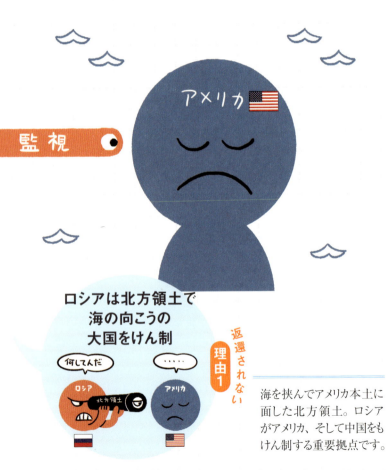

海を挟んでアメリカ本土に面した北方領土。ロシアがアメリカ、そして中国をもけん制する重要拠点です。

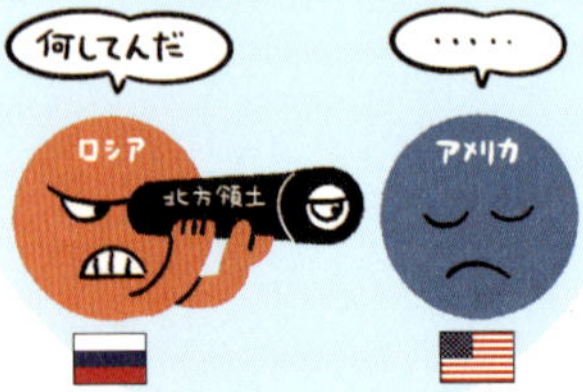

ロシアにとって北方領土は盾! 「北極海ルート」を守る

2000年頃に航行可能となったロシアの北の海を通る「北極海ルート」を守ります。

ロシアには大事なお宝だけど、日本の重要度は低い

返還されない 理由3

ロシアにとっては重要ですが、日本にとっては地政学的メリットはほとんどありません。

01 Answer

大きく3つ理由があるが

「北極海ルート」の影響で返還はますます困難に

解説

新物流ルートが返還をほぼ不可に

日本とロシアの衝突が続く北方領土。🔍国際法的には日本の領土ですが、なかなか返還されないのは、3つの理由があります。1つ目は、ロシアにとって、対アメリカの防衛のため。北方領土からアメリカ本土までは約9000㎞ありますが、

江戸時代から日本人が住む日本固有の領土

北方領土は、第二次世界大戦で日本が降伏したあとにロシアが占拠した土地で、歴史的には日本の領土です。

1855年 日露通好条約により、択捉島は日本領、その北はロシア領と設定

1875年 樺太千島交換条約により、日本が千島列島を譲り受け、樺太全島を放棄

1905年 ポーツマス条約により、日露戦争後、日本は樺太の南部を譲り受ける

1951年 サンフランシスコ平和条約により、日本は樺太と千島列島を放棄し、北方四島は保持

太平洋の対岸の国への対策としては重要な場所

もし、日本に北方領土が返還されると、米軍基地が建設される可能性があり、それはロシアにとって絶対に避けたい状況です。

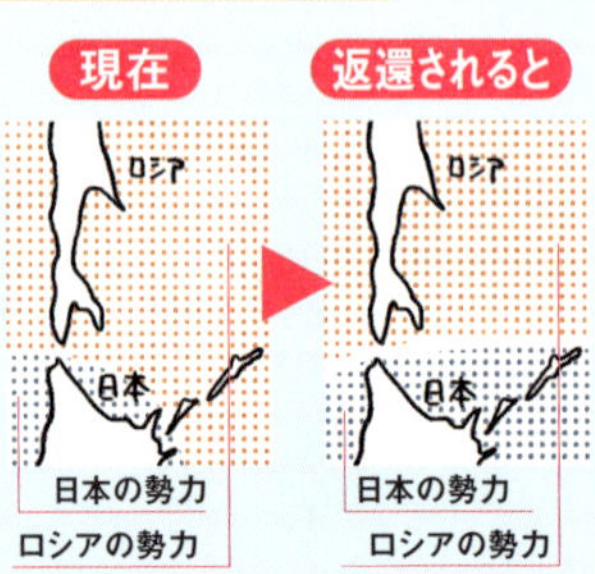

太平洋の対岸の国への対策としては重要な場所にあるのです。

そして、近年、さらに返還が難しくなった理由が、2000年頃に開発された**「北極海ルート」**という海運ルート。これまで通行不可だったロシアの北側を通る新ルートは、貿易の新しい道になる可能性があり、これを他国から守るには、地理的に北方領土が盾になるのです。

3つ目としては、**日本とロシアにおける北方領土の重要度のちがい**があります。

「北極海ルート」は地政学の常識を打ち破る大革命

長い間、航行不可な北極海は地政学の概念上、存在しない場所でした。しかし、「北極海ルート」の登場で、地政学の常識が変わったのです(P78)。

返還後も、日本のメリットはほぼない

ロシアには重要な北方領土ですが、万が一返還されても、日本に国家としてのメリットはほとんどありません。重要度の不均衡があるため、返還交渉がなかなか進まないのです。

	日本	ロシア
返還前	・国民感情としてロシアと対立	・北極海ルートの支配 ・アメリカの動向の監視 ・アメリカの勢力を遠ざける
返還後	・かつての住民が移住できる ・国民感情が好転する ・周辺海から海産物が取れる	・北極海ルートの防衛が難しくなる ・アメリカの勢力が国土の真近に迫る

日本

アメリカにとって

沖縄米軍基地は“完璧な拠点”って本当!?

南米

アメリカ

沖縄にある
ミサイルの
射程距離
(1万km)

完璧な理由1 位置

**拠点として超重要!
世界の主要都市を射程に**

ICBMという大陸間弾道ミサイルを配置すれば、世界中の主要な都市を射程におさめることができる。

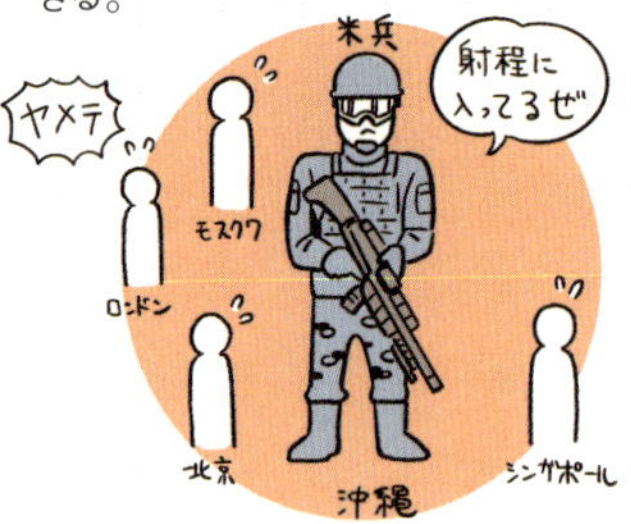

完璧な理由2 アメリカ人の感情

アメリカ人にとって、侵略ではなく勝利して手に入れた領土

沖縄はアメリカ人自身も被害を受けながら勝ち得たという意識があり、他国の領土という心理的な負荷が低い。

完璧な理由 3 基地設備

最新鋭の兵器が配備され、ジャングル戦の訓練用施設も

名護にはジャングル戦の訓練設備、嘉手納には世界でも最新鋭の戦闘機が配備されるなど、基地の設備・配備的にも世界最高レベル。

在日米軍基地の約7割がここに!

沖縄米軍基地

沖縄本島の約15%もの面積を占める。飛行場や港湾施設、貯油施設、弾薬庫、訓練場など、30以上の施設がある。

〈代表的な施設〉

・那覇港湾施設（那覇市）
・嘉手納基地（中頭郡）
・普天間飛行場（宜野湾市）

①位置	★★★★★
②アメリカ人の感情	★★★★☆
③基地設備	★★★★★
④社会資本・安定性	★★★★★

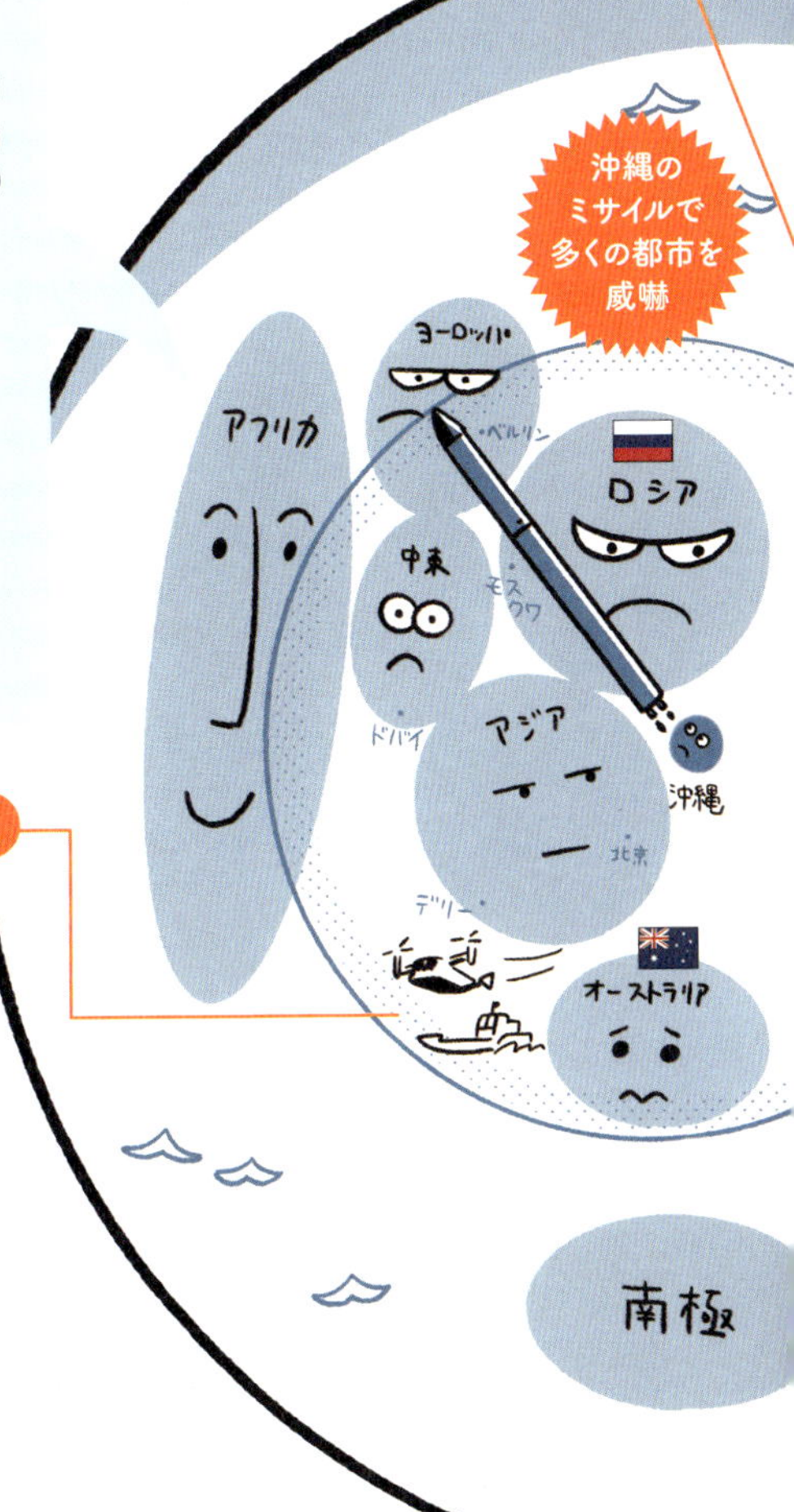

完璧な理由 4 社会資本・安定性

世界でも随一のインフラ設備や政情の安定性

諸外国に比べ、道路や港湾などの社会資本のインフラが整い、政情も安定しているので、着実な運用ができる。

02

Answer

特に「位置」は世界2位の超要所とか!?

沖縄米軍基地は、拠点に必要な要素を〝完璧〟に備える

解説

米軍にとってメリットだらけの沖縄基地

沖縄米軍基地の地政学的に〝完璧〟な点として、まずは何といってもその「位置」。アメリカのICBM（大陸間弾道ミサイル）を沖縄に配備すると、世界の多くの主要都市が射程に入り、**ミサイルを置くには絶好の**

1万km内にロンドン、モスクワ、北京など世界の主要都市が!

下の図は、沖縄を中心に「正距方位図法」で描かれた世界地図。中心と任意の点の「方位」と「距離」を正確に示すという特徴があります。これを見ると、アジア全域から中東、オーストラリアの全域、モスクワ、ローマ、ロンドンまでが沖縄から1万kmの範囲に入ります。米軍は、ICBM（大陸間弾道ミサイル）という1万kmを超える射程を持つ兵器を所有しているので、これを沖縄に配備すれば、世界中の主要都市を射程に入れることができ、非常に大きな影響力を持てるのです。

位置なのです。ミサイル配備に適した場所として、世界のほぼすべての大都市が射程に入るロンドンに次ぐ世界2位ともいわれています。

ほかにも拠点として重要な「アメリカ人の感情」や「基地設備」、「社会資本・安定性」の面でも完璧で、**沖縄の基地は理想的**です。**住民と米軍の対立が多少問題になったとしても**、アメリカが〝完璧な基地〟を手放すとは考えづらく、当分は基地が移転する可能性は低いでしょう。

かつてフィリピンにあった アメリカ海軍基地と比べると……

1992年に米軍が撤退した、フィリピンのスービック海軍基地。規模としてはアジア最大の米海軍基地の1つでしたが、社会資本や人的資源は沖縄よりも数段劣るレベルだったそう。ちなみにフィリピンに返還後、付近の岩礁を他国に奪われることがあったり、現在は海洋進出をする中国と対立しています。

スービック海軍基地

①位置	★★★★☆
②アメリカ人の感情	★★★☆☆
③基地設備	★★★★★
④社会資本・安定性	★★☆☆☆

日本にとっての 沖縄米軍基地の問題点

沖縄にいる米兵の交通事故などがニュースになることがあり、米軍は沖縄の住民や沖縄県にはよく思われていない部分が少なからずあります。また、米軍施設のなかには、同盟国であるはずの日本の自衛隊でさえ使えないものも多く、自衛隊と米軍は、同志であるにも関わらず、「別の国の軍隊」なのです。

日本

“世界の警察”たる米海軍の要!?

米海軍横須賀基地の“世界一の設備”とは?

世界に点在する米軍の基地

ディエゴ・ガルシア米軍基地（インド洋）

中東を監視する拠点。イギリスから付与された島の全土が米軍基地。

①位置 ★★★★★
②アメリカ人の感情 ★★★★☆
③基地設備 ★★★★☆
④社会資本・安定性 ★★★☆☆

チューレ空軍基地（グリーンランド）

アメリカ空軍最北の基地。北極海やロシアを監視する。

①位置 ★★★★☆
②アメリカ人の感情 ★★★★☆
③基地設備 ★★★☆☆
④社会資本・安定性 ★★☆☆☆

ラムシュタイン空軍基地（ドイツ）

欧州最大の空軍基地。在欧米空軍の司令部がおかれる。

①位置 ★★★★☆
②アメリカ人の感情 ★★★☆☆
③基地設備 ★★★★★
④社会資本・安定性 ★★★★★

船の修理設備は世界最大級！

米海軍横須賀基地

①位置 ★★★★☆
②アメリカ人の感情 ★★★☆☆
③基地設備 ★★★★★
④社会資本・安定性 ★★★★★

アメリカ国外唯一の空母の母港であり、ほかにも数多くの軍艦が寄港する。世界最大級の船の修理設備（ドライドック）があり、米海軍が世界に展開するうえで欠かせない施設になっている。

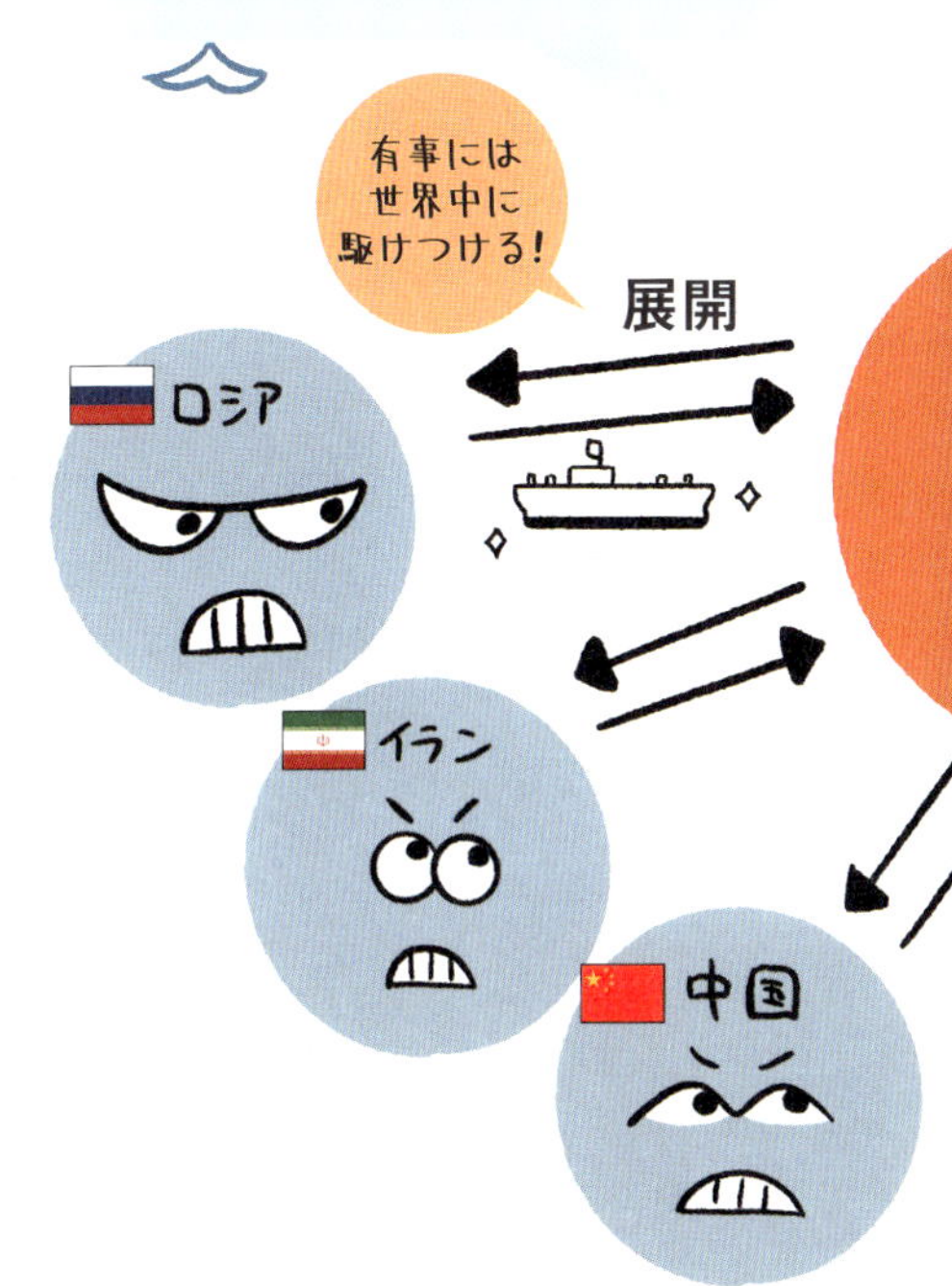

03

Answer

納期は守るし、修理技術は本国以上！
空母も修理できる巨大ドライドックは世界に展開する米海軍に必須

解説

長距離の航行に必須の拠点として重要度が高い

米海軍横須賀基地には、船の修理・メンテナンスを行う**ドライドックという施設**があります。この施設は世界最大級の規模で、大型の軍艦や空母の修理も対応可能です。また、技術力はアメリカ本国よりも高いとい

横須賀基地は、船舶のメンテナンスに欠かせないドライドックが6つも!

ドライドックでは、船を陸上施設に持ち上げ、船底や舵など航行中は水中にある設備の検査・修理を行います。米海軍横須賀基地にあるドライドックのなかでも6号ドックは世界最大規模で、空母や大型軍艦の修理も可能です。

ドライドックの役割

塗装	フジツボなどの付着を防ぐ塗料を外板に塗る
船底検査	船底や舵、プロペラの状態を検査・修理をする
開放検査	主機関やボイラー、発電機などの検査・修理をする

6号ドックのデータ

竣工	1940年	**全長**	337m
幅	61.5m	**深さ**	18m

6号ドックでは、太平洋戦争時に、大日本帝国海軍最大の信濃という空母が製造された

われています。横須賀以外で米海軍の大型ドライドックがあるのはハワイやアメリカ本土などで、修理に往復するとなると、有事に迅速な対応が難しくなります。ですから、この横須賀の拠点は、米海軍が世界中の海にスムーズに展開する要ともいえるのです。

米海軍横須賀基地の軍事的な役割は、**主に太平洋やオセアニアの監視**です。**日本や韓国と情報交換**しながら、東南アジア、海洋進出をねらう中国などの動向を見張っています。

ドライドック以外に、“港”としても優れた米海軍横須賀基地

中国・朝鮮半島に対応する沖縄に対し、米海軍横須賀基地は太平洋や東南アジアへの対応が主な役割。近年、中国が東南アジアに進出しており、重要性が高まっています。また、横須賀は、近海が港に適した大陸棚であり、自然環境の面から見ても、港として高いクオリティがあります。

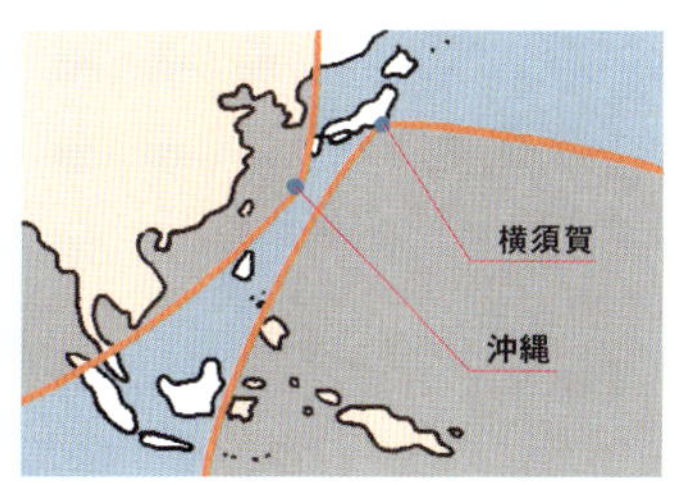

2019年に話題になった日本と韓国間のGSOMIAがなくなると……

GSOMIAとは軍事技術や戦術データ、暗号情報などの機密情報を共有する取り決め。有事の際、基本的には自衛隊も韓国軍も、情報が集まる米軍に協力して作戦を遂行することになります。日韓でGSOMIAがないと、日本や韓国が集めた機密情報を互いに伝えられないため、スムーズに作戦を遂行できなくなるのです。

米軍
中国や北朝鮮の動きを見張る
情報伝達
韓国の情報伝達不可
日本の情報伝達不可
情報伝達
自衛隊
韓国軍
日韓のGSOMIA失効

対馬列島、尖閣諸島……
衝突の根底にある“近海の争い”って何？

日本の思惑

民主的
じゃないやつは
海に出てくるな!

アメリカの思惑

協力してやるから
進出をおさえよう
ではないか

中国・ロシアの思惑

海洋に進出する拠点にしたいぜ

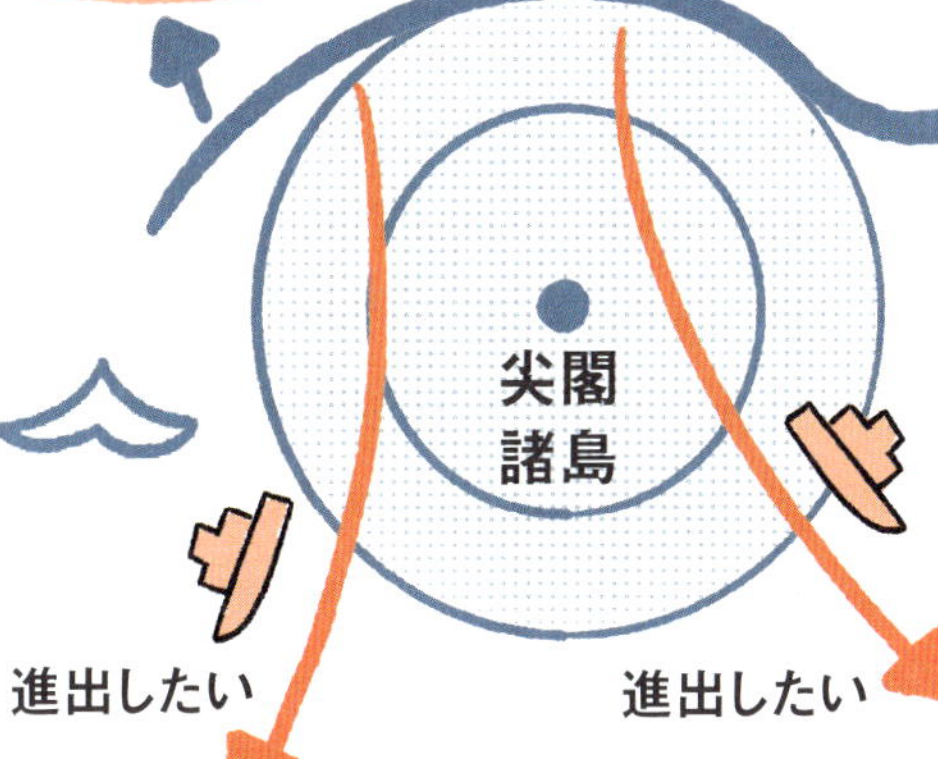

歴史上、世界の覇権国のはじまりは常に近くの海を制覇してから

アメリカ

本土の南側にあるメキシコ湾～カリブ海をアメリカの支配下に収めて近海を制覇したあとに、大西洋に進出（P60）。

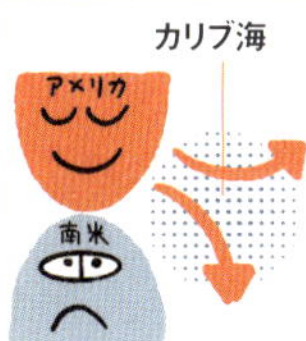

イギリス

イギリスとユーラシア大陸間のドーバー海峡、次にマルタ島を拠点に地中海を支配下に入れて近海を制覇し、世界の海へ進出。

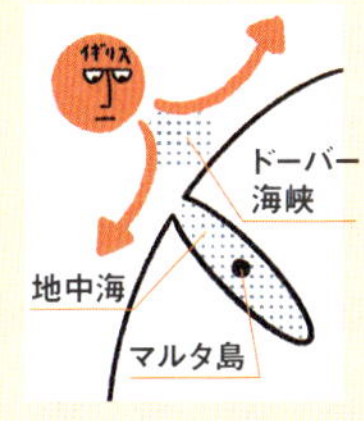

04

Answer

海洋進出を目指し

近海を制覇したい中国側の勢力と封じ込めたいアメリカ側の勢力の衝突

解説

単純な領土争いではない対馬や尖閣の対立

詳しくはP100で紹介しますが、経済発展を果たした中国は、世界の大国になろうとしています。地政学的に、大国になる国が最初に行うのが、近海の制覇です。というのも、世界の覇権国は、常に〝近海の争い〟

大陸からの勢力の防波堤になる対馬列島・尖閣諸島

日本海から東シナ海に点在する対馬列島や尖閣諸島。日本政府は、歴史的にも、国際法上も、明確に日本の領土だとしていますが、対馬列島は主に韓国、尖閣諸島は主に中国や台湾が領有を主張しています。韓国に近い対馬列島には、自衛隊の基地もありますが、韓国人による土地の買収が起こっています。

対馬列島
長崎県に属し、韓国と日本の中間に位置し、約3万人の住人がいる。

尖閣諸島
沖縄県に属し、石垣島の北西170kmの位置。全部で8島からなる。

を制覇したのちに世界の海に展開しています。つまり、**対馬や尖閣をめぐる争い**は、拠点を得て日本海や東シナ海を制覇したいランドパワーの中国と、それを阻止したい日本・アメリカのシーパワー勢力の覇権争いの一環なのです。また、**中国にとって尖閣諸島は台湾に関わる位置にある**のも対立する理由の1つです。

あまり知られていませんが、中国側の目的は近海の拠点を手に入れることですから、**対馬・尖閣以外の島でも、近海の争い**ははじまっています。

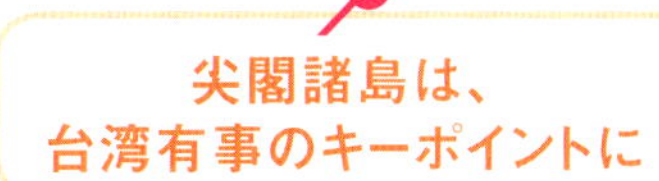

尖閣諸島は、台湾有事のキーポイントに

中国は台湾を自国の領土と主張し、台湾は自らを正当な国家と主張し、対立しています。今後、何らかの衝突が起こる場合、中国は台湾へ３方向から攻撃をすると考えられ、その際、尖閣諸島や石垣島は障害になる場所に位置しています。周辺の島は中国と台湾の問題にも関わっているのです。

周辺にあるほかの島も危ない!? 石垣島や宮古島の現状

対馬列島や尖閣諸島以外でも、東シナ海周辺にある島は、ランドパワー勢力が拠点としてねらっています。ですから、日本側も防衛のため、2016年には与那国島に、2019年には宮古島に自衛隊の駐屯地を開庁しました。石垣島に建設中の駐屯地は2022年に完成予定です。

与那国島
沖縄県に属し、台湾の東、約110kmにあり、日本の最西端。人口は約1600人。

宮古島
沖縄県に属し、沖縄の南西300kmに位置する。5.4万人の住民がいる。

石垣島
宮古島からさらに南西へ120kmに位置する。人口は4.9万人程度。

05 Question

日本

抑止力はわかるけど……

それ以外、米軍って日本にどんな意味がある？

日本

そうはさせんぞ
中国め！

米海軍

Safe

石油タンカー

石油が
ないと…
ゲッソリ

米海軍

世界第4位の消費量！日本の産業にとって石油は命綱

現在でも、エネルギーの中心は石油であり、日本の輸入量は世界第4位で、約400万バレル/日。これは、30万トン級のタンカーで12時間に1度、石油を補給しないと不足してしまうほどの量です。

世界の石油消費量トップ5

1位	アメリカ	2045万
2位	中国	1352万
3位	インド	515万
4位	日本	385万
5位	サウジアラビア	372万

（バレル / 日量）

BP Statistical Review of World Energy 2019 - Oil:Consumption, 2018

1日に2度、大型石油タンカーが来ないと日本は破綻！

日本は原油の約 9 割を中東から輸入

最大の原油輸入先はサウジアラビアで、アラブ首長国連邦、カタールと続き、中東依存が極めて高いのがわかります。ちなみに1% 弱ですが、日本国内でも産出しています。

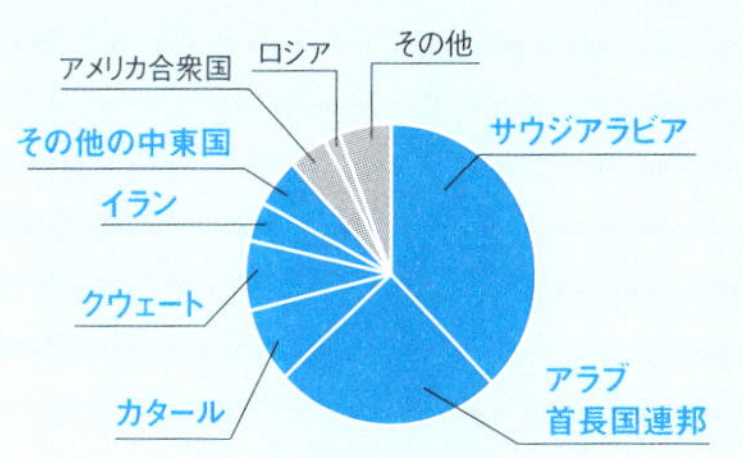

ロシア

そのルートの
代わりに
北極海ルート
あるけどね〜

中国

そのルートに
ちょっかい出そうかな〜
出さない代わりに
何かもらおうかな〜

中東

まいど〜

東南アジア

Safe
石油タンカー

米海軍

チョーク・ポイント
ホルムズ海峡

チョーク・ポイント
マラッカ海峡

日本を
支える命綱

マラッカ・シンガポール海峡ルート

このルートを安全に通れないと十分な石油を輸入できない。

05

Answer

普段はまったく意識しないけど

実は日本の石油ルートを守っているのは、ほぼ米海軍の力

解説

日本経済が回るのは米海軍のおかげ!?

米軍の意義として、身近な例でいえば、石油ルートの保護。経済活動に必須の石油を安定的に輸入できるのは、ほぼ米海軍のおかげです。

日本は石油の約9割弱を中東から輸入しており、石油タンカーは、**ホルムズ海峡、マラッカ海峡を経**

インドネシアを回るルートならギリOK、オーストラリアを回るルートはアウト

日本のメインの石油ルートはマラッカ・シンガポール海峡ルートですが、万が一、マラッカ海峡が封鎖されても、ロンボク・マカッサル海峡ルートというインドネシアを通るルートがあれば、日本経済は持ちこたえられるようです。ただし、このルートも使えなくなった場合、さらに南下し、オーストラリアをぐるりと回るバス海峡・南太平洋ルートというルートを通ることになりますが、このルートでは時間がかかりすぎ、日本経済は破綻するといわれています。

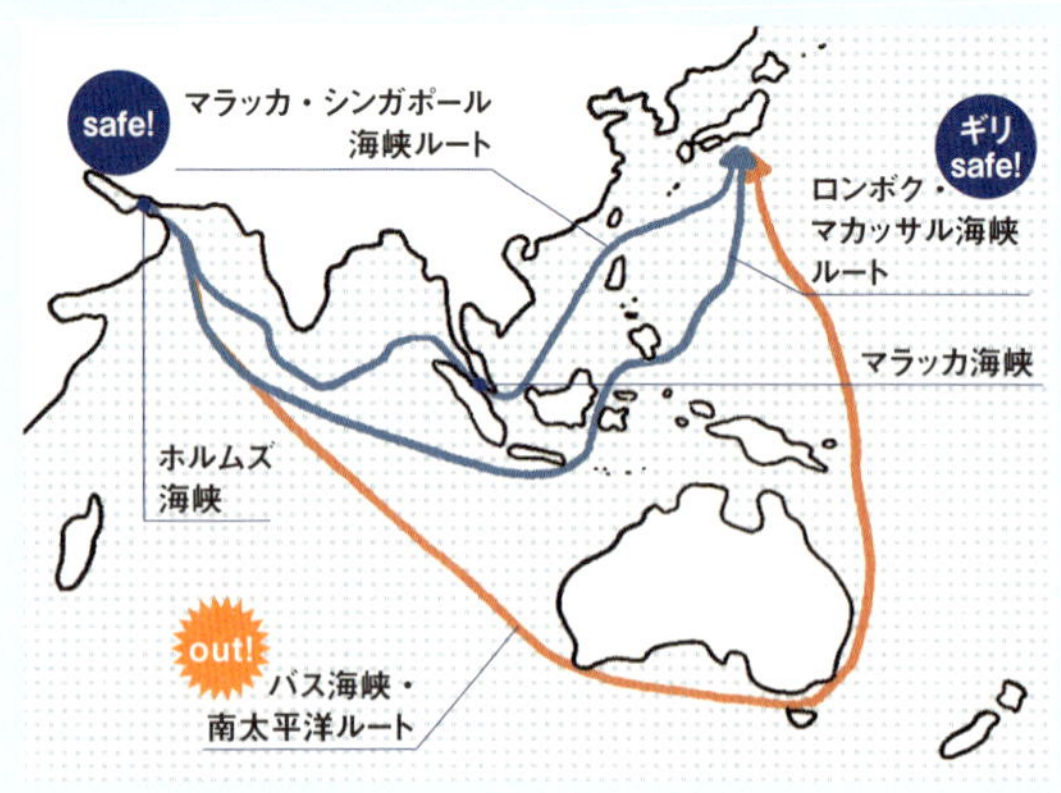

て日本に着きます。ホルムズ海峡には海賊が出没し、マラッカ海峡には、近年になり中国軍が進出するなど、**想像以上に危険**なのです。そんな状況下で、このルートを守っているのが米海軍です。アメリカは〝世界の警察〟といわれますが、これは海の秩序を守る米海軍のことを示しています。

エネルギー資源の中東依存を脱するため、**ロシアとの間を石油や天然ガスのパイプラインで結ぶ計画**もありますが、北方領土の対立（P34）もあり、実現は未定です。

現在でも危険はたくさん！ 2019年に起きたホルムズ海峡タンカー攻撃事件

2019年、ホルムズ海峡付近で、日本とノルウェーの企業が運航する石油タンカーが襲撃を受けました。イスラム武装組織が犯行声明を出しています。

ロシアと日本をつなぐ石油パイプラインの建造計画もあるが……

世界的に資源の流通として珍しくないパイプライン輸送。ロシアから樺太を通り、日本に入るパイプラインの計画は以前からありますが、北方領土をめぐり日本とロシアの関係が険悪になるたびに、頓挫しています。

パイプライン
お金欲しいしパイプラインどう？
ロシア
日本
ロシアとはもめてるからな…

今の段階では北朝鮮のミサイルを恐れる必要はない？

日本で問題にならないのは世界の常識からすると異常！

わずか７分で到着するミサイルの存在は、国家の安全保障においては相当な脅威です。

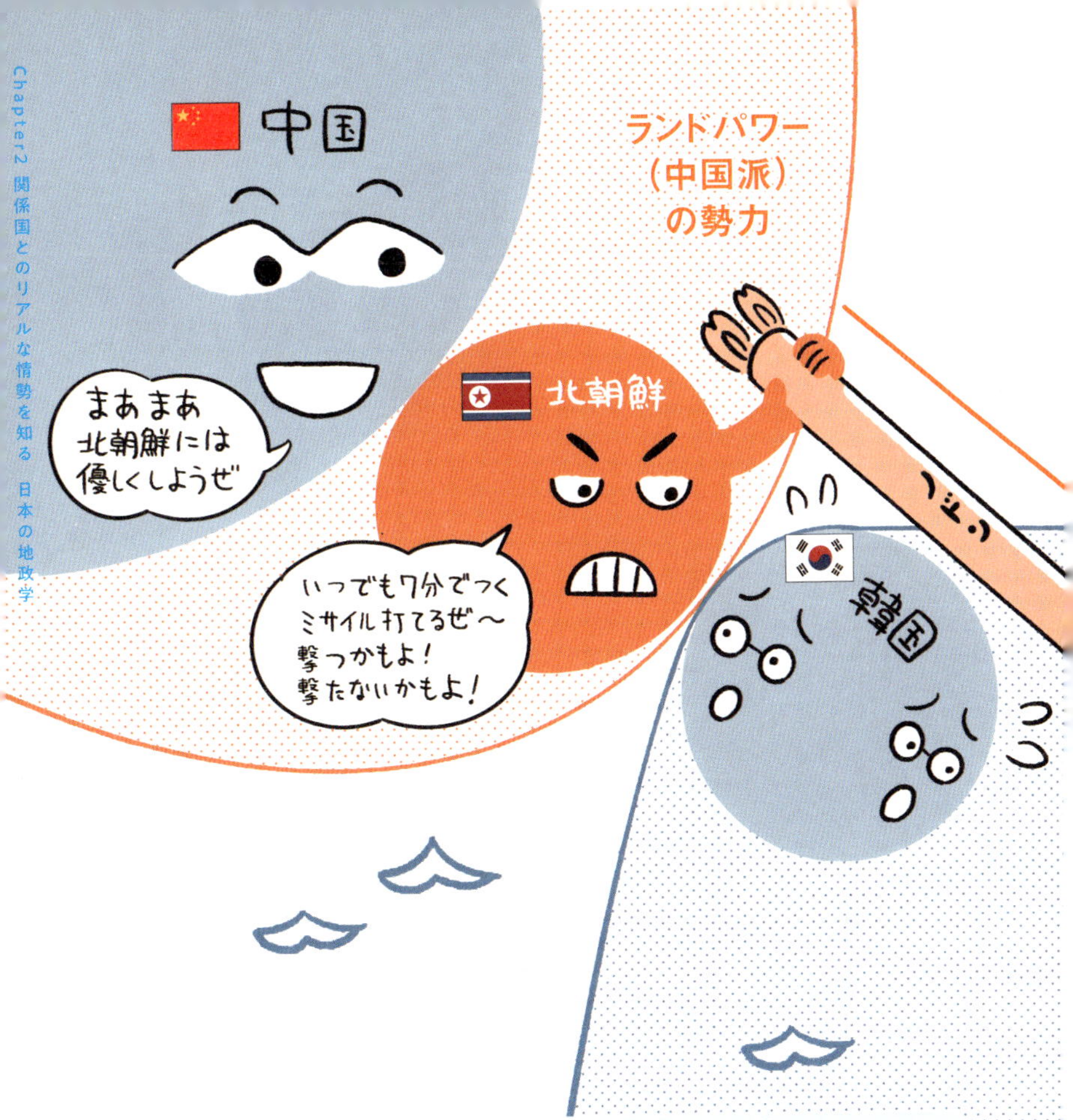

中国

ランドパワー
（中国派）
の勢力

北朝鮮

まあまあ
北朝鮮には
優しくしようぜ

いつでも7分でつく
ミサイル打てるぜ～
撃つかもよ！
撃たないかもよ！

韓国

北朝鮮は、アメリカをも射程に入れるミサイルを完成間近？

北朝鮮にとってミサイルは外交上、重要な意味があり、急速に開発が進んでいます。日本をほぼ射程に入れるノドンは、すでに運用されていると見られ、さらに、中国が射程に入るムスダン、アメリカが射程に入る火星14･15を開発中のようです。

06

Answer

恐怖を感じない日本人は異常。7分で着弾するミサイルは相当な脅威。アメリカ本土ならもう空爆してる!?

解説

何を考えている? 謎に満ちた北朝鮮の思惑とは

北朝鮮は、約7分で日本に着弾するミサイルを開発しています。日本では騒がれませんが、米軍の中には「アメリカ本土が同じ立場ならもう空爆している」という人もいるほど日本の安全保障上、非常に高いリスクです。

知られていない北朝鮮の内情①
細かく縦割りされた官僚組織

ニュースで見ると、順調とは言い難い統治が行われている北朝鮮。その割に独裁体制が存続している理由の1つは、細かく縦割りされた官僚組織にあるそうです。職分の異なる官僚同士で連携しにくく、大きな政変を起こしにくいのです。

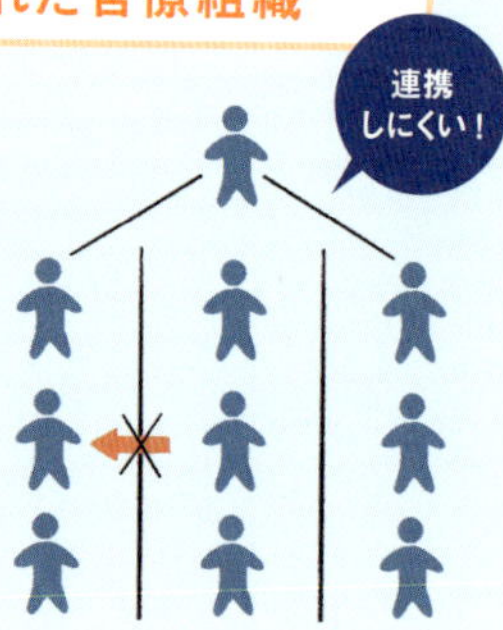
連携
しにくい!

知られていない北朝鮮の内情②
「考えていることがわからない」と思わせる戦略!?

「何をするかわからない」という北朝鮮の印象も、戦略の1つのよう。資源の少ない北朝鮮でも、そう思わせれば、要求を通せる可能性があるのです。「市場開放+一党独裁」のベトナムのような国を目指しているという説もあります。

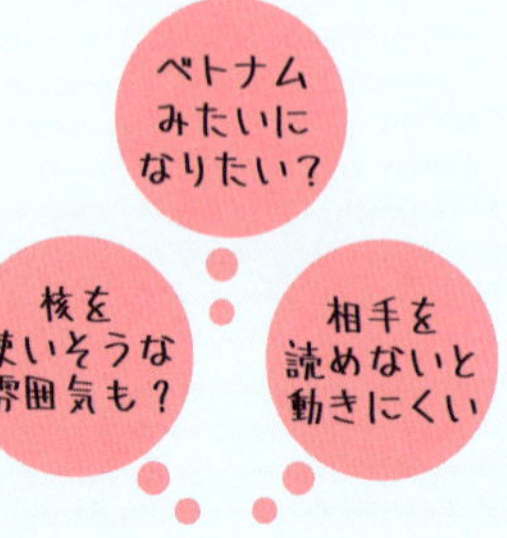
ベトナム
みたいに
なりたい?
核を
使いそうな
雰囲気も?
相手を
読めないと
動きにくい

キム一族の独裁が続く北朝鮮には、**反乱を起こしにくい縦割りの官僚組織**があるようです。また、国際社会で**「よくわからない国」と思わせることも戦略**の1つとされています。

地政学的に東アジアの勢力図を見ると、中国・北朝鮮のランドパワーと、アメリカ・日本・韓国のシーパワーが対立する状態。韓国はアメリカと軍事同盟を結んでいますが、最近では、中国側に近づく様子も見せており、アメリカや日本へ地政学的に揺さぶりをかけています。

長い日中韓の歴史のなかで現在の勢力図はかなりレア

P31でも紹介したように、現在の日中韓の勢力図は歴史的に珍しい状態です。基本的に中国と朝鮮半島はランドパワー勢力で、日本のシーパワー勢力と対立していました。現在の状態になったのは第二次世界大戦後、ソ連支援の北部と、アメリカ支援の南部で朝鮮戦争が起こり、北緯38度線を国境線として、休戦したためです。

朝鮮戦争より前

シーパワー勢力とランドパワー勢力の境目は、日本海、現在の対馬列島。

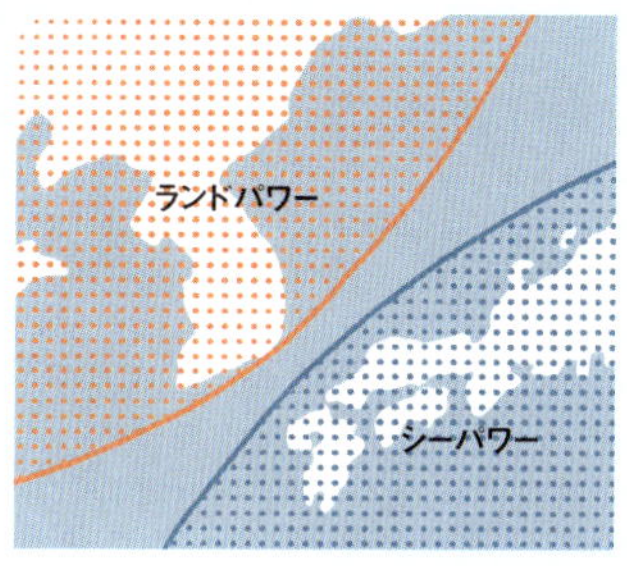

朝鮮戦争以降

基本的には韓国はシーパワー勢力のため、北緯38度線が境目に。

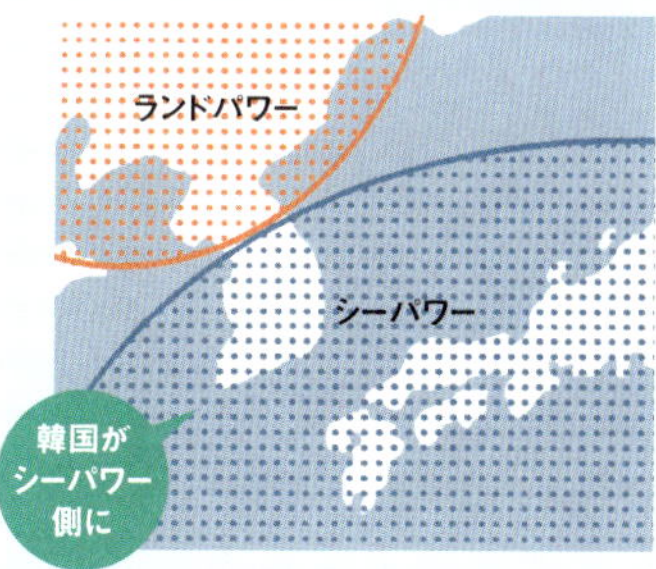

Geopolitics Column

03

地政学戦略に深く関わる！「島国」や「半島」「内陸国」など国土のカタチの特性

ここまで読まれた方はおわかりと思いますが、地政学上、国土の形には非常に重要な意味があり、その国の人種や産業、政治システムなどと同様に国のふるまいに大きく関与します。

例えば、世界に50程度ある島国。島国は、海という天然の要塞に囲まれているため、**他国が侵略しようとした場合、非常に攻めづらく、守る島国側が非常に有利**です。そのため、陸の国境がある国に比べて防衛費は低くなります。ただし、自国から周辺国に攻め入る際には、海を移動するための手段が必要になるため、経済的な余裕がないと、大規模な軍隊を派遣するのは難しい面もあります。

一方、島国とは反対に周囲がすべて陸の国境で囲まれた**内陸国は、侵攻しやすく・されやすいため、「侵攻されないために、こちらから侵攻する」と考え、国土を拡大していく傾向**があるのです。

半島にある国は、他国が陸続きの“付け根”から攻めてきた場合、“付け根”以外の周囲を海に囲まれているため逃げ場がなく、どうしても**周辺の強国の影響を受けやすくなる傾向があります**。現在は北朝鮮や韓国がある朝鮮半島も、はるか昔から今日に至るまで、中国の強い影響を受けています。

Chapter
3
Great power Geopolitics

世界を動かす大国の戦略が見える

アメリカ・ロシア・中国の地政学

現在、世界で大きな影響力を持つアメリカとロシア、そして中国。各国の大国としての特徴や、現在抱えている問題、そして国家の指導者が抱いている将来的な戦略を紹介します。

世界の覇権を握ったアメリカの地政学的な優位性と、覇権を保つための戦略に迫ります。

I 歴史

「孤立した大きな島」だからこそ、巨大なシーパワー国家になることができた

国土の多くが海に接し、周囲に拮抗する勢力を持つ国がないアメリカは、地政学的には1つの島。他国から侵略されにくく、戦力を国外に向けやすかったのです。カリブ海と太平洋に進出してシーパワーを得たことで、世界の覇権を握りました。

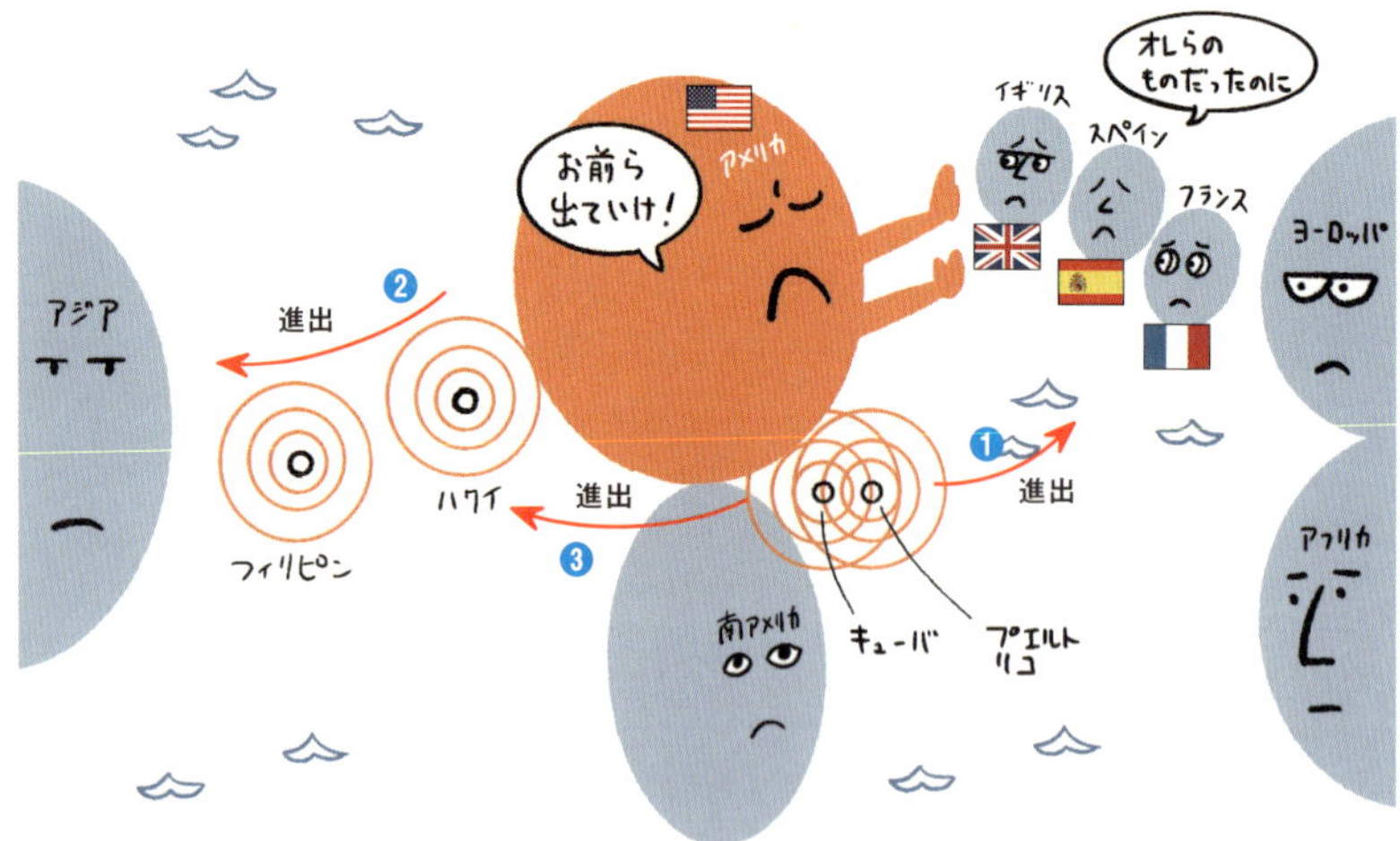

①近海を制覇し、シーパワーに踏み出す

スペインとの米西戦争に勝利し、プエルトリコやキューバに影響力を持つことで、アメリカの近海であるカリブ海を制覇。

②太平洋に進出し、シーパワーが急拡大

カリブ海の制覇と同年、ハワイを併合し、米西戦争によってフィリピンやグアムにまで勢力を拡大し、太平洋にも進出。

③パナマ運河の建設で太平洋と大西洋をつなぐ

コロンビアから独立させたパナマで、永久租借※権などを得て、パナマ運河を建設。太平洋と大西洋の往来がスムーズに。

※租借：外国がその地域を一定期間借りて統治すること

地政学で考えるアメリカ

II 戦略
世界三大戦略地域に関わり、ユーラシア大陸をコントロール

覇権を握るアメリカの現在の基本戦略は、ユーラシア大陸のリムランドにある三大戦略地域のバランスを見ながら、台頭する国が出てきたら、積極的に介入を行うものです。

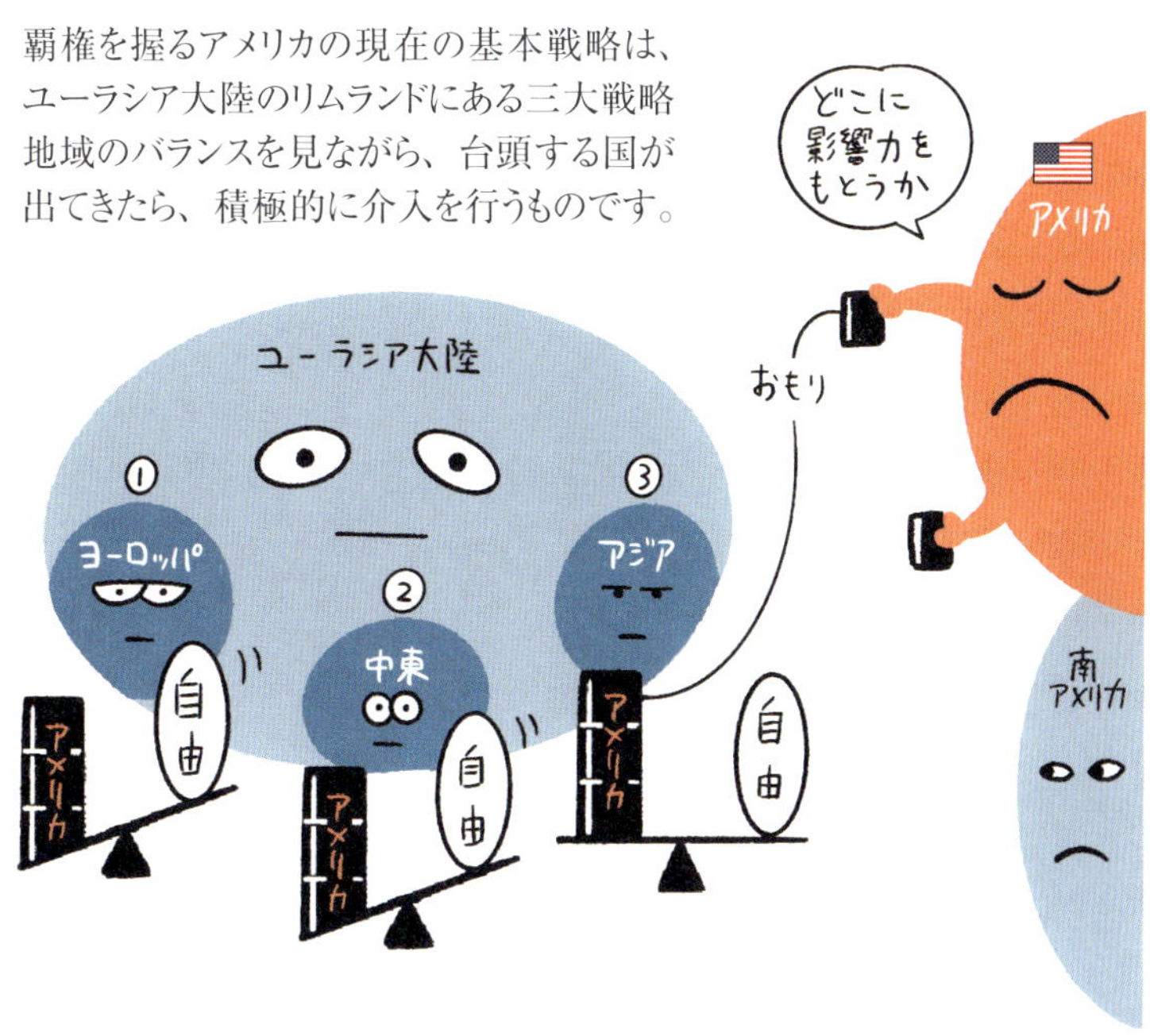

①ヨーロッパ

現在の主な対立国
ロシア

ヨーロッパ諸国とNATO（北大西洋条約機構）という軍事同盟を組み、脅威であるロシアの欧州進出を防ぐ（P72）。

②中東

現在の主な対立国
イラン

アメリカにとって以前よりも重要度が下がっているといわれる中東では、サウジアラビアなどと協力し、イランをけん制（P68）。

③アジア

現在の主な対立国
中国

アジアにおける脅威は、急成長を続け、世界に進出している中国。日本や韓国に拠点を置き、監視している（P64）。

解説

「巨大な島」を築き世界最大の海洋国家へ

アメリカは、建国当初は東部13州だけの小さな国でしたが、西部開拓で領土を拡大。**1890年にはフロンティア（辺境）の消滅を宣言し、「1つの島」となりました。**

その後、スペインとの米西戦争で勝利し、拠点となる場所を得て海洋へ進出。東西を海に囲まれ、ユーラシア大陸からも離れているアメリカは、他国から本土に攻撃を受けるリスクが低く、**周辺に存在を脅かす国も**

アメリカが「1つの島」になるまで

1776年にイギリスから独立した当初は東海岸の13州のみでしたが、その後西部へと進み、辺境（フロンティア）を開拓。1848年にはカリフォルニアを獲得、1890年頃にはフロンティアの消滅を宣言し、巨大な島となりました。

侵略される恐れがほぼないアメリカの場所

アメリカと国境線で隣接するカナダとメキシコですが、カナダのGDPはアメリカの約8%、メキシコは約4.7%と、アメリカと競える国力はありません。また、アジアやヨーロッパはアメリカと物理的な距離があるため、アメリカの本土へ侵攻するのは難しいのです。

ありません。それゆえ海外進出に戦力を向けやすく、巨大なシーパワー国家になることができました。

アメリカの基本戦略は、ユーラシア大陸の外から世界三大戦略地域であるアジア、中東、ヨーロッパのパワーバランスを制御すること。そのために世界各地の**要所に軍事拠点を置き、存在感を発揮しています**。ただ、トランプ政権成立以降、支出に見合うメリットがあるのかという懸念から、関与を減らすべきとの意見も増えています。

世界各地に軍事拠点を置き“世界警察”役を担う

“世界警察”を自認するアメリカは、各地で有事があった場合はすぐに軍隊を派遣し、介入できるよう世界中に軍事拠点を置いています。その数は約150カ国に500以上といわれています。そのうちドイツや日本など約60カ国に大規模な基地を置き、世界への存在感を示しています。

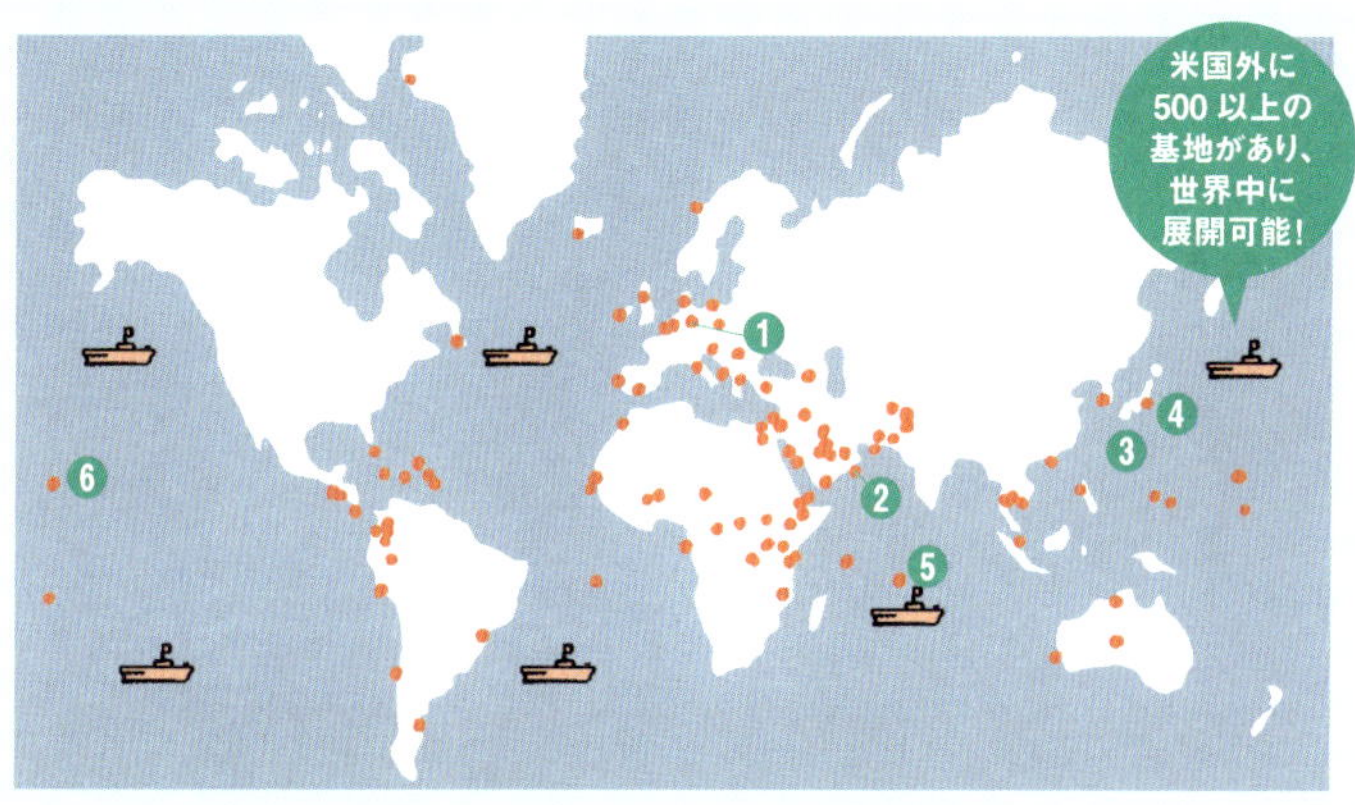
米国外に
500以上の
基地があり、
世界中に
展開可能!
1
2
3
4
5
6

特に大規模な軍事拠点

❶ラムシュタイン空軍基地（ドイツ）
❷バーレーン海軍支援施設
❸嘉手納基地（沖縄）
❹米海軍横須賀基地（横須賀）
❺ディエゴ・ガルシア米軍基地（インド洋）
❻パールハーバー・ヒッカム統合基地（ハワイ）

アメリカ

三大戦略地域 Ⅰアジア

中国の急成長に対するアメリカの思惑は?

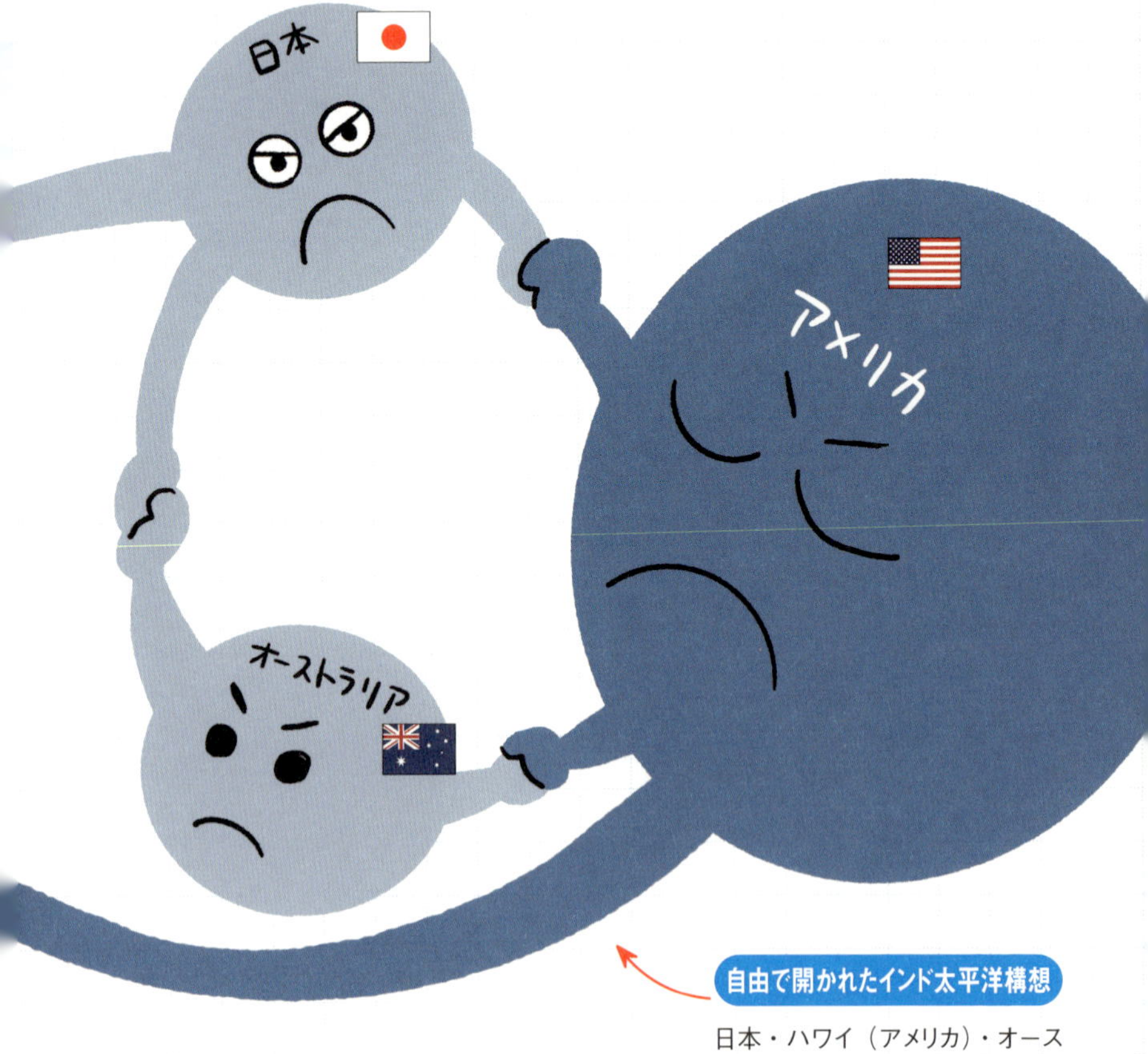

日本
アメリカ
オーストラリア

自由で開かれたインド太平洋構想

日本・ハワイ（アメリカ）・オーストラリア・インドをひし形につなぎ、南シナ海やインド洋の安全保障の強化を図る構想。

イタリア
トルコ
ジブチ
中国
インド

一帯一路構想

海と陸の現代版・シルクロードといわれる巨大経済圏構想（P108）で世界の覇権をねらう。

ランドとシーの対立

アメリカの
思惑

シーパワー勢力が結束し、中国の拡大を防ぐインド・太平洋戦略で対抗

シーパワー

ランドパワー

シーパワーであるアメリカを筆頭に日本、オーストラリア、インドで協力し、ランドパワーの中国をけん制しています。

01 Answer

経済的にも軍事的にも、中国がアメリカに肉薄！世界の覇権を奪われないかと警戒しさまざまな施策でけん制

解説

シーパワー勢力で結集し海洋進出を目指す中国を阻止

アジアにおいてアメリカは、日本を足がかりに中国をおさえ、安定を図ってきました。**中国の台頭にともない**、オバマ政権時代にはアジアを重視するというリバランス政策を掲げましたが、その後、「世界の警察役」を

世界2位の経済大国になった中国がアメリカにプレッシャーをかける

2005年にはGDPで5位だったものの、2010年には日本を抜き、世界2位になり、2020年には日本の約3倍です。

2005年
1位　アメリカ
2位　日本
⋮
5位　中国

2010年
1位　アメリカ
2位　中国
3位　日本
4位　ドイツ

中国が大躍進

関税引き上げによる米中貿易戦争が勃発

アメリカは、中国が知的財産権を侵害したとして輸入品に関税をかける経済制裁を実行。また、通信の分野でも対立中です。

アメリカ 対立 **中国**

アメリカ：
- 中国からの輸入品に関税をかける
- 中国の大手通信企業の機器の使用を制限

中国：
- アメリカの関税に対し、報復として輸入品へ関税をかけて対抗

返上。これに乗じて中国は近年、シーパワーの覇権を握るべく、南シナ海などに拠点をつくり、影響力を拡大しているほか（P100）、「一帯一路構想」でインド太平洋にも進出中です（P108）。

アメリカは、各地域は当事国に任せ、自分たちが不利益を被るまでは関与しない方針です。

ただし、アメリカの安全保障、経済的な成長のために海の覇権はゆずれず、中国への**経済制裁**、**インド太平洋戦略**などでけん制し、中国をおさえこもうとしています。

アメリカが構想するインド太平洋戦略とは？

アメリカは、中国の一帯一路構想により、多くの途上国が債務を抱え、「債務の罠」におちいっている（P108）と批判。一帯一路構想に加え、中国の度重なる南沙諸島や西沙諸島などへの領域拡大の動きに対して「自由で開かれたインド太平洋構想」で対抗。これは、日本とオーストラリア、インド、アメリカの4カ国で、インド洋と太平洋における貿易ルートや国際法を守るために提唱された構想です。

インド太平洋の安全保障体制 自由で開かれたインド太平洋構想

2016年に日本が提唱し、アメリカの対アジア戦略として採用されたコンセプト。シーパワーの国が協力しながら、インド洋や東シナ海、南シナ海などの海洋ルートの秩序を守る構想。一帯一路をはじめとする中国の抑止が目的。

《参加国》
- アメリカ
- 日本
- インド
- オーストラリア

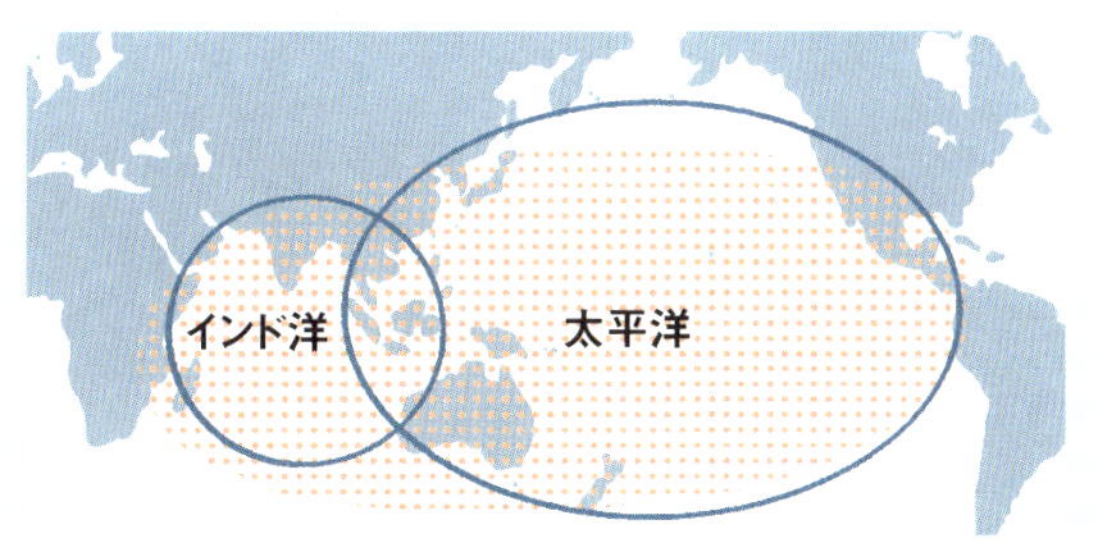

02 Question

三大戦略地域 Ⅱ 中東

アメリカと中東諸国の関係って今どうなってるの？

イラク

イスラエル

親米

サウジアラビア

自国で石油生産ができるようになり、中東から手を引きたい

石油の産出地である中東は重要視されてきましたが、2010年代、アメリカが自国内で石油を生産できるようになったために、関心は低くなっています。

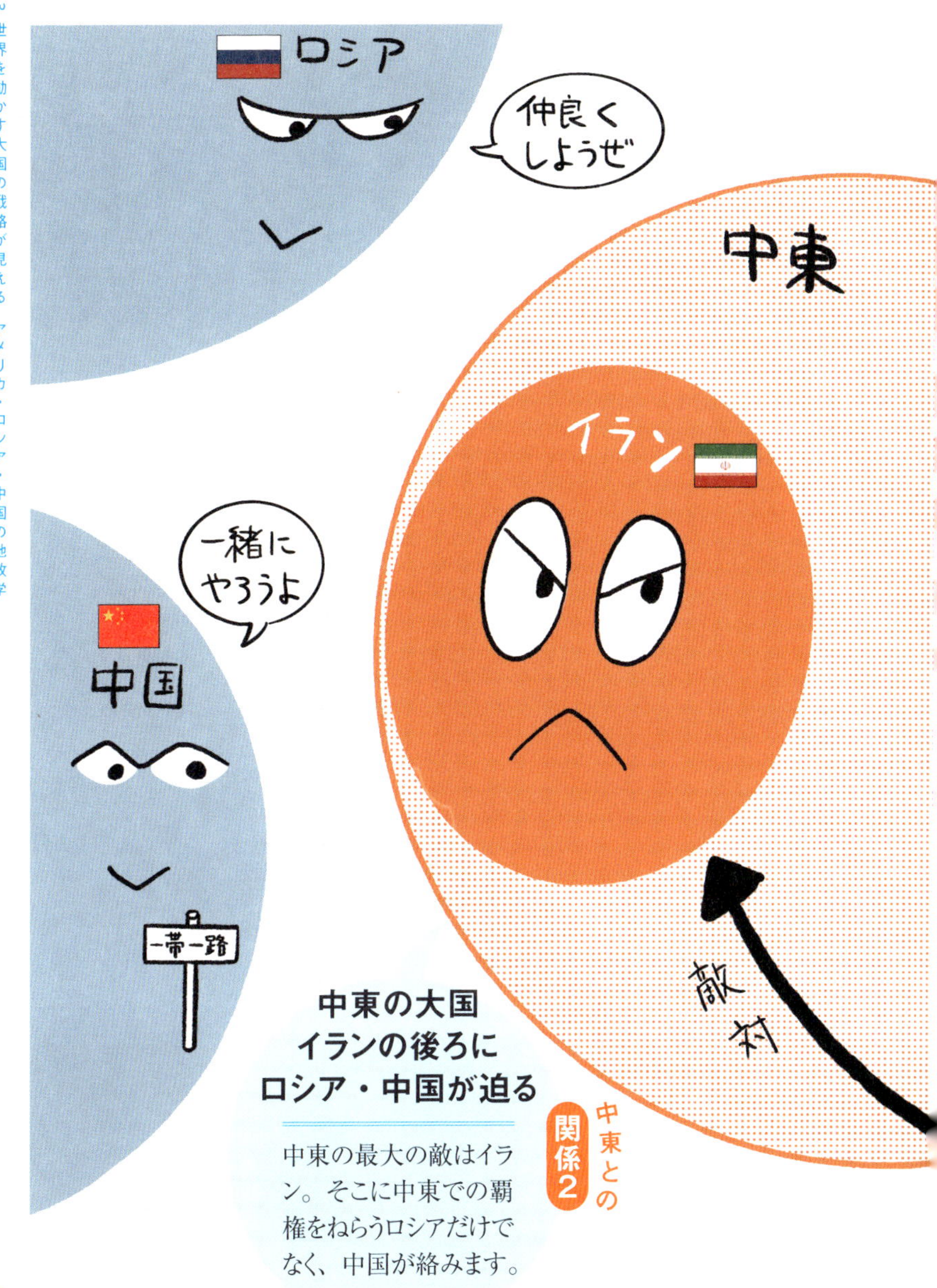

中東との関係2

中東の大国イランの後ろにロシア・中国が迫る

中東の最大の敵はイラン。そこに中東での覇権をねらうロシアだけでなく、中国が絡みます。

02

Answer

石油利権の確保と旧ソ連への対抗も今は昔⁉
重要性が低下する中東から手を引きはじめたアメリカ

解説

長年にわたり争いをくり返した結果引くに引けない状況に

石油利権の確保と旧ソ連の南下防止のために、アメリカは中東での親米国家建設に注力してきました。トランプ政権時代、イスラエル寄りの姿勢を強め、イランとの関係が過去最悪に。後ろ盾として絡むロシアをけ

イランを周辺に派兵された中東の米軍

アメリカの中東における戦略の目的は、安定的な石油パイプラインの確保と、敵対するイランの封じ込め。

そのため、クウェートやUAE、オマーンなど沿岸部に軍事拠点を置いています。

ん制するためにも**中東での大国イランの台頭をおさえること**が重要課題です。そのため、親米のサウジアラビアやイスラエルと協調し（P132）、イランおよびイスラム教のシーア派（P131）に対抗しています。

しかし、本音の部分では、アメリカ国内で**シェールオイルが発見**されたことで、中東への依存度は以前よりも格段に低くなっています。2021年のアフガニスタンからの撤退は、そのあらわれです。

世界のエネルギーバランスを変えうるシェールオイルとは？

頁岩（けつがん）と呼ばれる深さ約2,000mの堆積岩の層から採取される原油。技術革新により掘削、生産が可能になったアメリカは、2013年には原油生産量が輸入量を上回り、現在では原油輸入大国から輸出大国へと変わりつつあります。このシェールオイルの登場は、世界のエネルギーバランスや国際政治まで変えうる可能性があるのです。

アメリカの原油生産量、消費量、輸入量の推移

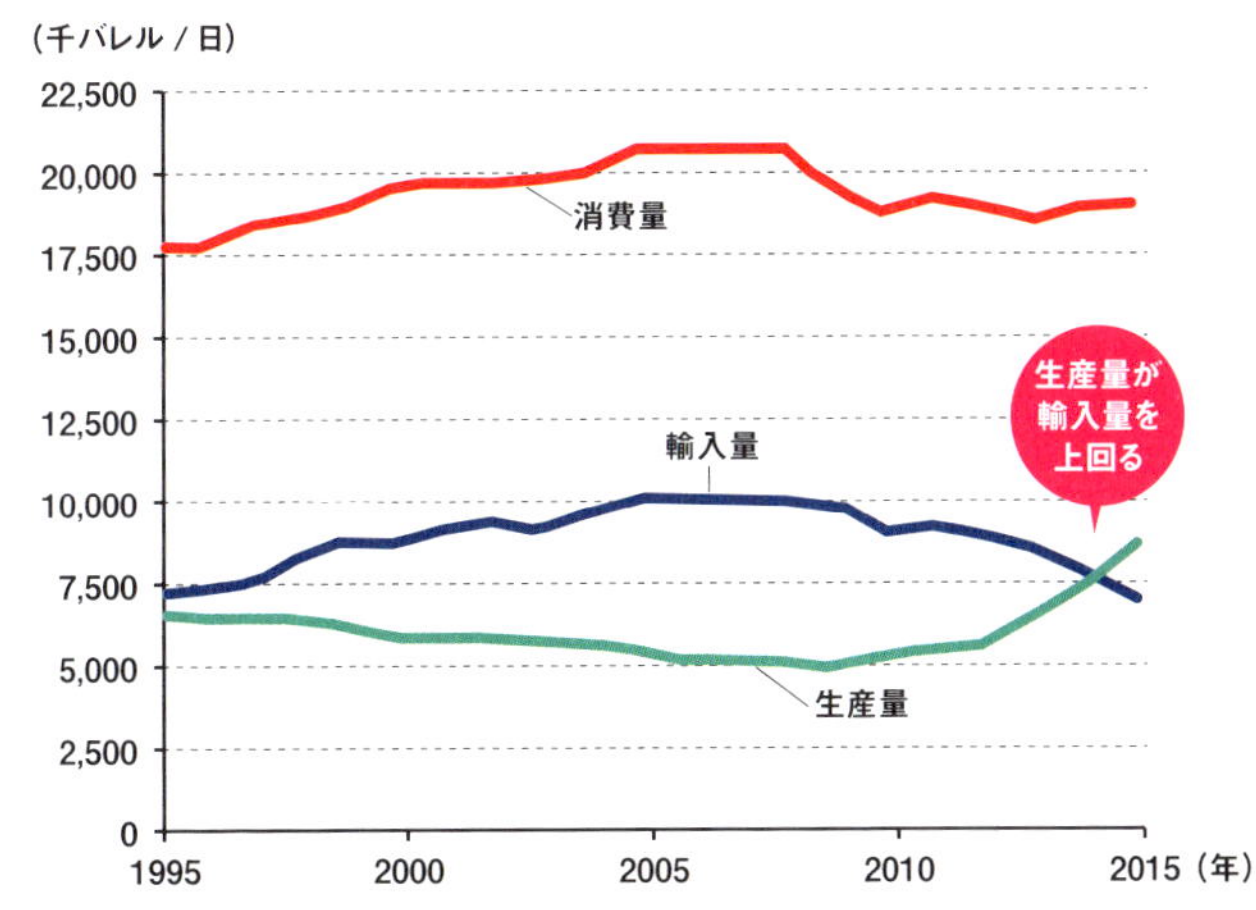

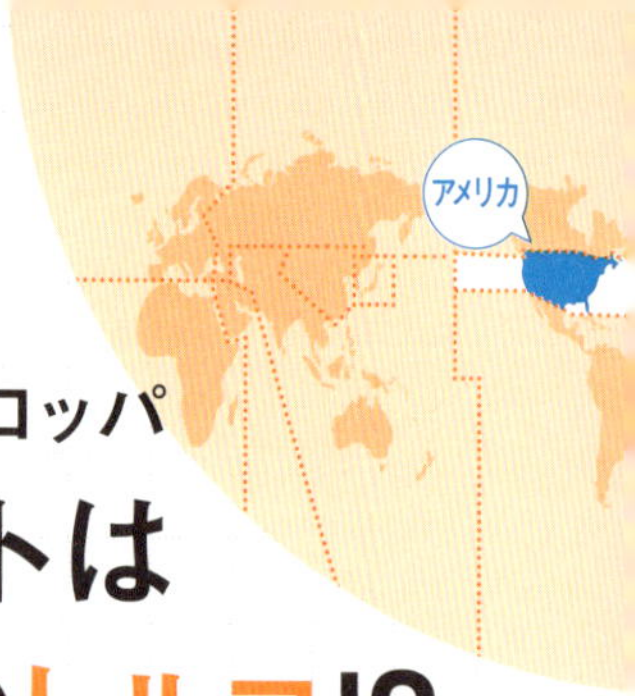

三大戦略地域 Ⅲヨーロッパ

重要なポイントは ポーランドと中東のトルコ!?

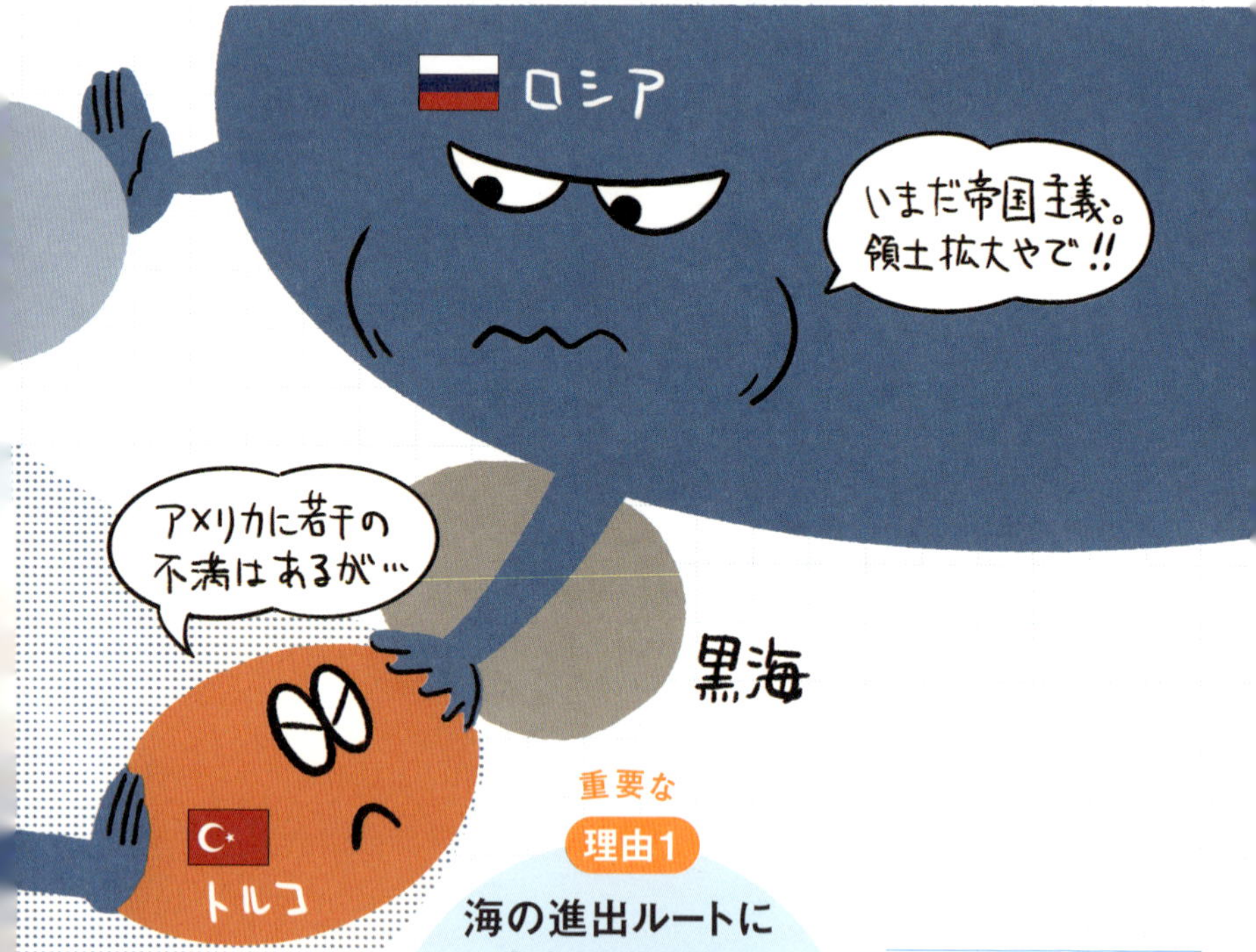

ロシア

いまだ帝国主義。領土拡大やで!!

アメリカに若干の不満はあるが…

黒海

トルコ

重要な 理由1

海の進出ルートに立ちはだかり、黒海の防波堤となるトルコ

黒海をはさんでロシアに面しているトルコ。ロシアが黒海を抜け、地中海に進出するルートの、重要な場所に位置しています。

重要な

理由2

ロシアとヨーロッパの間に位置するポーランドは陸ルートの防波堤

ロシアとポーランドの間にベラルーシがありますが、ベラルーシはもとは旧ソ連でありロシア側の勢力。実質的にはポーランドがロシアと接しています。

NATO

アメリカをリーダーとして、主に旧ソ連（現在はロシア）のヨーロッパ進出に対抗するためにつくられた軍事同盟（P143）。

03

Answer

ロシアの拡大を防ぐ防波堤になる

ロシアの進出ルートの最前線にあるのがトルコとポーランドだから

解説

ヨーロッパへの進出ルートの防衛がロシア拡大を防ぐカギ

ユーラシア大陸とつながり、周囲を海に囲まれたヨーロッパは、安全保障の面では大陸との〝付け根〟が重要なエリアです。アメリカは西欧諸国と**NATOという軍事同盟を結び、旧ソ連に対抗**。冷戦終結後は東欧

NATOは対ロシア同盟。各国が協力し、進出を防ぐ

旧ソ連を中心とする共産主義国からの防衛を目的とした軍事同盟・NATO。加盟国が攻撃された場合、その他の加盟国で防衛支援するという取り決めがあります。最初はアメリカ、カナダ、西ヨーロッパ諸国の12カ国で始まったものでしたが、冷戦が終わるとロシア側だったポーランドも加盟し、対ロシア網は強化されました。

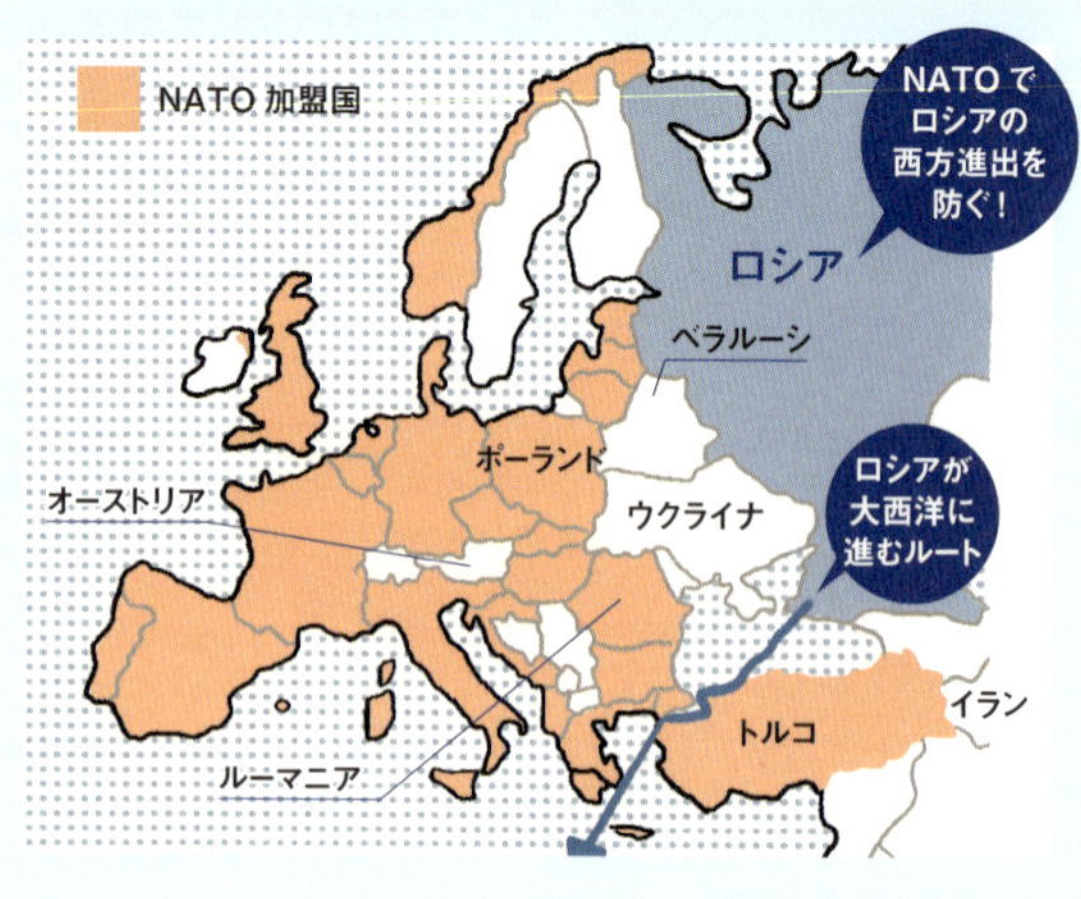

の国も巻き込みながら、ロシアをおさえようとしてきました。しかし、ロシアはクリミアを強引に併合する（P82）など抵抗を見せています。

そこで、アメリカが現在重視しているのがトルコとポーランドです。**黒海を介してロシアと接するトルコ**はアメリカとの関係は微妙ですが、NATOの一員。**ロシア側の勢力と国境を接するポーランド**は親米を鮮明にしています。この2国を盾にしてアメリカはロシアをけん制していくと考えられます。

黒海でロシアと面するトルコが実は重要!

P74の地図にあるようにロシアが大西洋に進出するには、黒海から地中海へと抜けるルートをたどります。その出入り口にあるトルコは非常に重要です。中東に分類されるトルコですが、第二次世界大戦後、アメリカが提唱したヨーロッパの復興援助に賛同し、NATOに加盟しました。

大陸で進出を防ぐにはポーランドが要

ロシアがヨーロッパに進出する際の出入り口になるのがポーランド（P93）。ロシアに対し警戒心を抱くポーランドは1999年にNATOに加盟。さらに、ロシアをけん制するため基地の設立が予定されています。

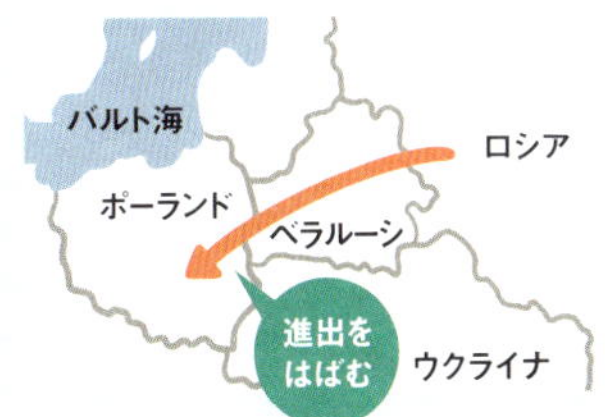

04
Question

アメリカ

トランプ前大統領が落選！
バイデン大統領ってどんな人なの？

さまざまな事柄を
トップダウンで
決定
大統領就任以前は
ほとんど
政治経験なし
スピード感があり、
大きな改革も
実現
米国の官僚は
もちろん、
同盟国も混乱
トランプ前大統領

解説

同盟国と協調しながら急成長する中国と対峙

トップダウンで政策を決定し、同盟国を振り回したトランプ前大統領。一方で、**バイデン大統領は、周囲と協調しながら物事を進めるタイプ**。同盟国は対応しやすくなりますが、野党（共和党）に根強い支持があり、大胆な改革は難しいでしょう。

バイデン政権も、トランプ政権と同じく、外交の中心は中国。強行な姿勢という方針は変わりませんが、アプローチが

Answer

周囲の人間とコンセンサスを取り、物事を着実に進める

トランプ前大統領とは正反対!?

オバマ大統領時代の副大統領や民主党上院外交委員会メンバーなど、外交経験が豊富

正式な手順を踏み、「やると」といったことはしっかりと実現

周囲の官僚や同盟国との協調を重視し、対応しやすい

スピード感は少なく、大胆な改革は期待が薄い

バイデン大統領

異なります。トランプ前大統領は、単独で先陣を切って交渉し、付け入る隙をあたえていました。アフガニスタン撤退に失敗し、やや信頼感を損なったとはいえ、バイデン大統領には、まだヨーロッパ諸国と信頼関係があります。こうした信頼関係を生かし、**同盟国の総意として交渉するため、中国が譲歩をするケースも増えるはず**です。

日本は、アメリカによるアジア防衛に重要な働きを期待されており、さらなる協力が必要になるでしょう。

の特徴

世界一の領土を持ち、かつて世界２位の大国だったという自負が、対外戦略に影響を与えています。

I 歴史

海外に進出するときの「5大南下ルート」＋「新・北極海ルート」

地理的条件により、海外へ進出するルートは旧ソ連時代と同じ。通行可・不可を合わせて全部で６つのルートがあります。

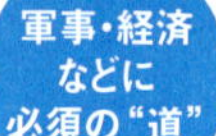

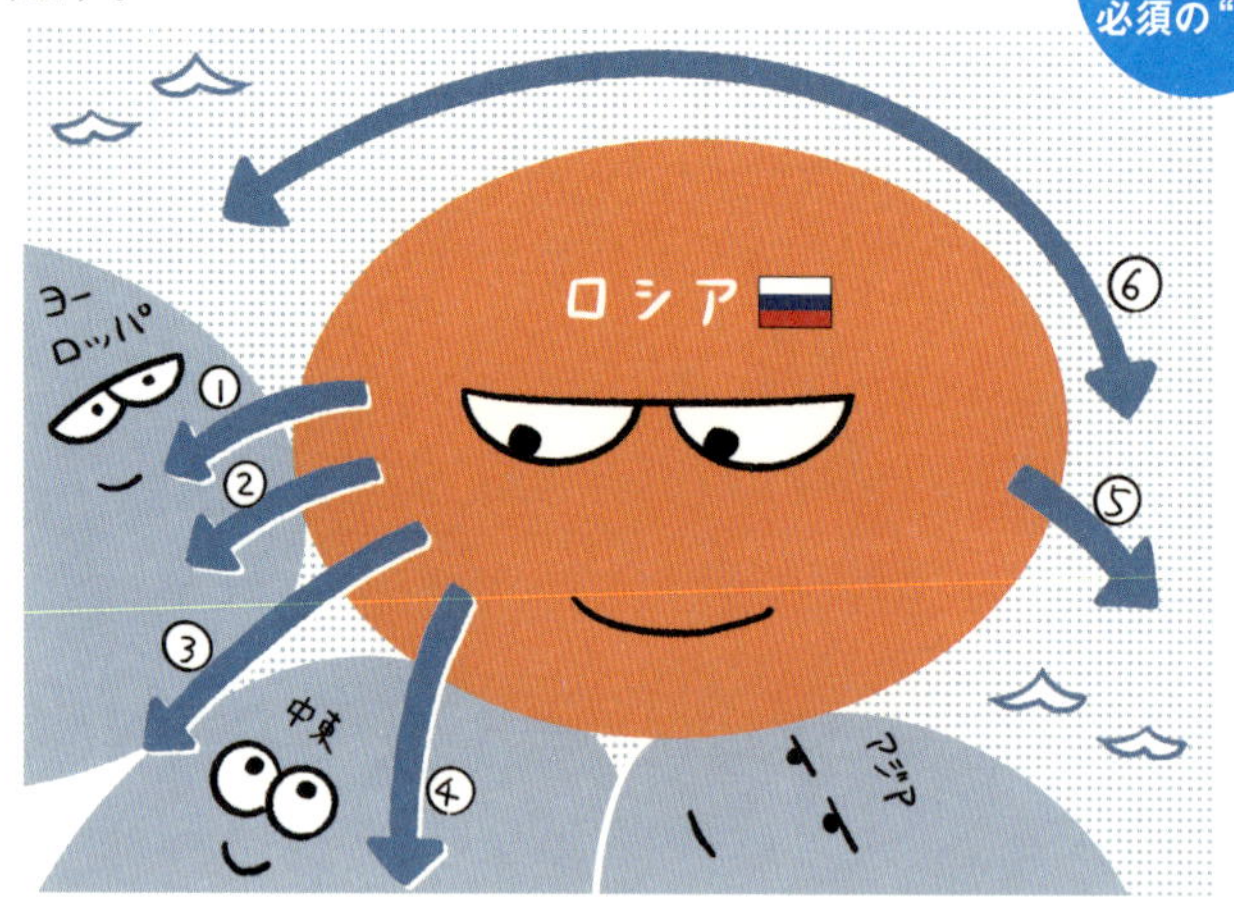

①バルト海ルート

ロシアにとって数少ない自国の海岸を通るルートで、メインルートの１つ。

②ヨーロッパ陸ルート

旧ソ連がドイツへ侵攻したルート。ベラルーシからポーランド、ドイツへ進む。

③黒海ルート

黒海からトルコの海峡を通るルート。現在も周辺の国では紛争が起こっている。

④インド・アフガニスタンルート

ソ連時代に侵攻したルートだが、現在は影響力がなく、通行できない。

⑤シベリア・ウラジオストクルート

ロシアの東側、アメリカ大陸側を通るルート。北方領土にも近い。

NEW **⑥北極海ルート**

2000年以降に開発されたロシアの北側を回る新ルート。

地政学で考えるロシア

II 衝突

広大な領土を守るため、周辺を協力関係の国でかためてバッファゾーンをつくる

世界でもっとも広い面積のロシアは、国境を接する国の数も世界一。経済的にも国境を完璧に防衛するのは難しいため、隣接する国を協力的な状態にして、対抗勢力とのバッファゾーン（緩衝地域）にしています。

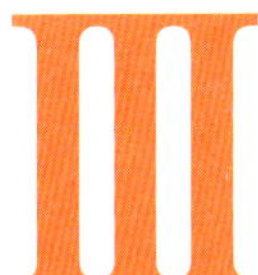

国土

旧ソ連崩壊後の独立国は「本来は自分のものだが失った領土」

ソ連の領土

ロシアにとって、旧ソ連崩壊後に独立した国は、本来は自国の領土であるという意識が強いようです。周辺国への対外的なふるまいにも、かつての領土を取り戻したいという国土回復運動的な気持ちが見られます。

解説

ロシアの南進に重要な伝統的5大ルート

国土の多くが、北海道よりも北に位置するロシア。冬季には港や海が凍りつき、使えなくなるため、凍らない拠点を求め、「南方へ進出すること」が地政学的戦略の大原則です。**南進には伝統的に5つのルートがあり、近年、そこに北極海ルートも加わって**います。

一方、国境を接する国の数が14と世界一多く、攻められるリスクが高い

冬期には、国土の北部は凍るため、凍らない拠点を求めて南進

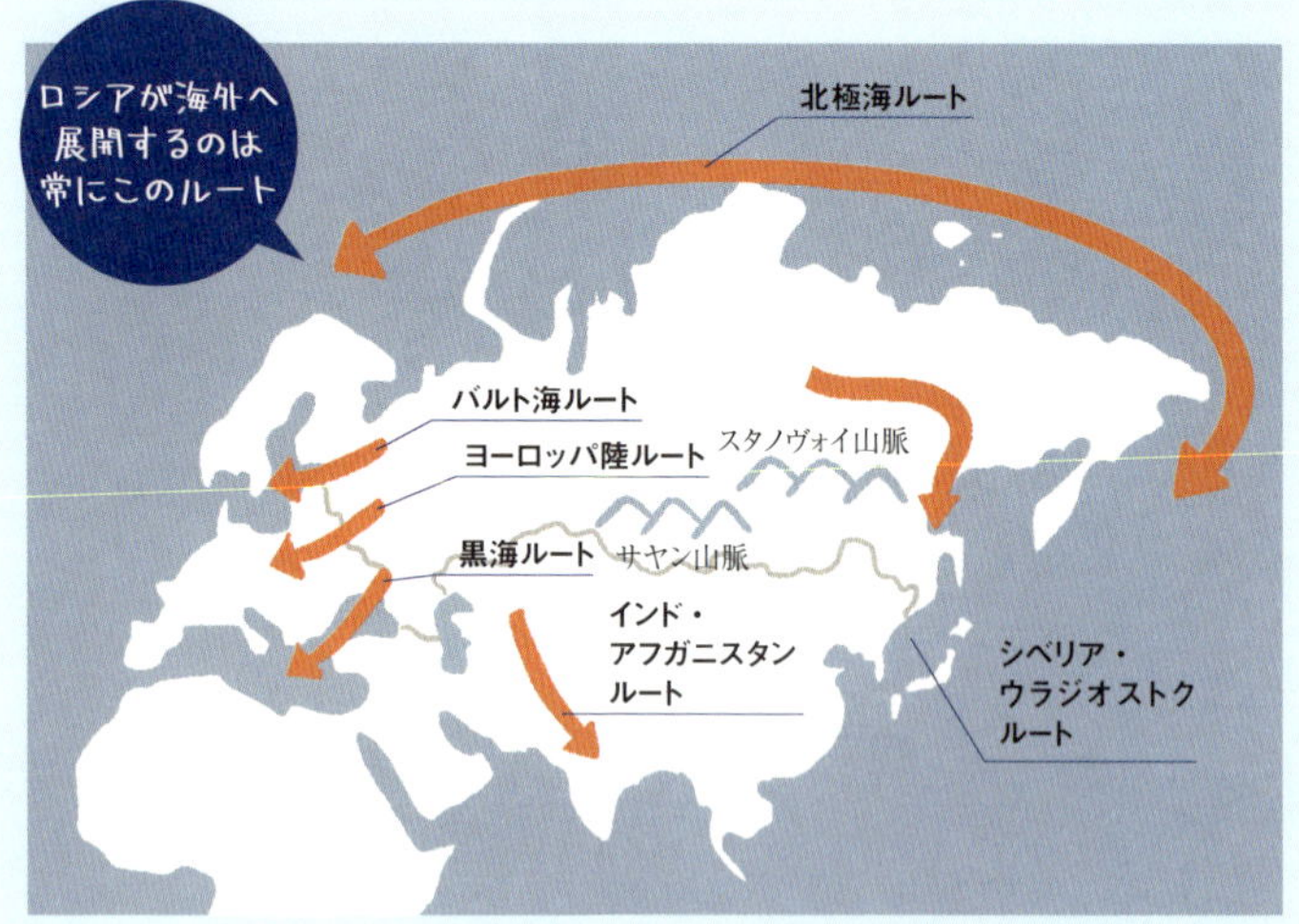

ユーラシア大陸の中心部にあるロシア。北部は冬期に凍りつく北極海、南部は他国に囲まれているため、シーパワー勢力にとっては非常に攻めづらく、防御には優れています。反面、攻撃に関しては、北極海の凍結のせいで不自由になるため、拠点を求めて南方に進出します。ただし、ロシア南方にはスタノヴォイ山脈やサヤン山脈があり、どこからでも南進できるわけではなく、南進可能なのは、5つのルートだけなのです。

のがロシアの弱点です。

しかし、**ロシアはほかの大国と比べて経済力が低く**、すべての国境線を防衛するのは難しい現実があります。そこで、周辺国と協力関係を結び、対抗勢力とのバッファゾーンにする戦略を取ることが多いのです。

また、周囲の国に対して、**ロシア側には、「ソ連崩壊後の独立国は、失った国土」という意識**があります。周囲の国の併合は、「ただ取り戻すだけ」の行為と考えており、心理的な抵抗が少ないのです。

面積は世界一だが、GDP はアメリカや中国のはるか下

「世界一の領土」を持つロシアですが、GDP は韓国やカナダと同程度です。ロシアの経済は、ソ連崩壊によって混乱。その後は天然資源の輸出により向上しましたが、いまだに国民の 13% 程度は貧困層だといわれています。

ロシア	GDP：1 兆 6576 億ドル（世界 12 位）アメリカの約 1/12！ 面積：1710 万 km^2（世界 1 位）アメリカの約 1.7 倍！
アメリカ	GDP：20 兆 5443 億ドル（世界 1 位） 面積：983 万 km^2（世界 3 位）
中国	GDP：13 兆 6082 億ドル（世界 2 位） 面積：960 万 km^2（世界 4 位）
日本	GDP：4 兆 713 億ドル（世界 3 位） 面積：38 万 km^2（世界 61 位）

GDP：World Bank, World Development Indicators, December 20, 2019
面積：United Nations Statistics Division - Demographic Yearbook 2018

ソビエト連邦は、ロシアと 14 の国へと分裂

1991 年にソビエト連邦は崩壊し、ロシアと 14 の独立国家へと解体されました。

〈解体後の国〉
ロシア、アルメニア、アゼルバイジャン、ベラルーシ、エストニア、ジョージア、カザフスタン、キルギス、ラトビア、リトアニア、モルドバ、タジキスタン、トルクメニスタン、ウクライナ、ウズベキスタン

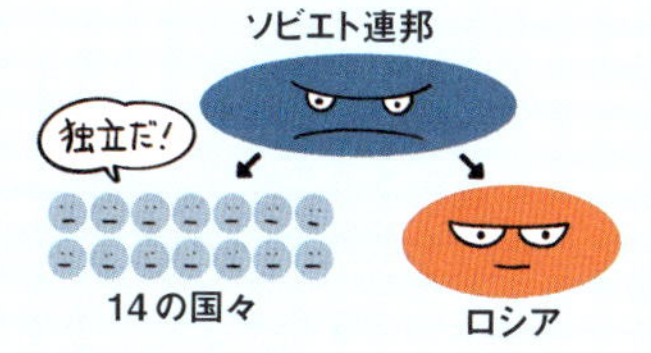

ロシア

ウクライナともめたけど

ロシアのクリミア併合にはどんな意味がある？

ロシア

クリミアを
手に入れる
チャンス！

黒海

ジョージア

アゼル
バイジャン

中東

アルメニア

トルコ

ロシアの
思惑１

「黒海ルート」を守るには、軍港のあるクリミアは必須

ロシアにとって、黒海ルートに影響力を持つために軍港のあるクリミアは絶対に手に入れたかった場所です。

Point
黒海ルート

ロシアが南進するルートの1つ。軍事・経済で重要。

ロシアの 思惑2

NATO 勢力との バッファゾーンとして ウクライナは外せない

ウクライナは、NATO 勢力との境に位置し、ロシアにとっては防衛のために影響力を保ちたいエリアです。

Point クリミア

もとはウクライナの一部。セヴァストポリ港という軍港がある。

Point 内部分裂するウクライナ

国内では親ヨーロッパ派と、親ロシア派で対立。

Point バッファゾーン

本土に攻めこまれないようにする、ロシアの防衛に必須のエリア（P79）。

05
Answer

「黒海ルートの防衛」と「NATO勢力との対立」

いかにもロシアらしい地政学的な戦略！

ロシアの地政学的戦略が見える東欧の内戦

5つの南進ルートのなかで、現在でも衝突が起きているのが**「黒海ルート」周辺**。2014年にロシアは、ウクライナの一部であるクリミアを併合しましたが、これには2つの思惑が見て取れます。

1つは「黒海ルート」の

黒海は海峡を3つ抜けると大西洋へとつながる

ウクライナ
セヴァストポリ港
ルーマニア
クリミア
ロシア
ボスポラス海峡
黒海
ブルガリア
トルコ
地中海
ダーダネルス海峡
このルートがあれば、大西洋に自由に行ける！

黒海ルートは、黒海からトルコ国内の2つの海峡を通り、地中海を抜け、スペインとモロッコの間の海峡から大西洋へと抜けるルート。クリミア併合の前は、ロシアがウクライナに借地料を支払ってクリミアのセヴァストポリ港を借り、黒海の監視をしていました。クリミアを併合したおかげで、ロシアは自由に港を使えるようになり、完全に黒海ルートを掌握したのです。

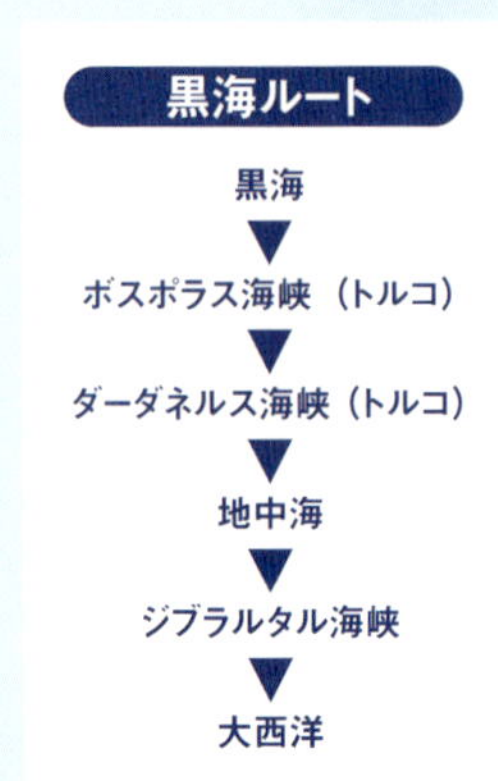

防衛。**ウクライナの内部対立に介入したロシア軍**の圧力のなか、クリミアでロシアへの編入をめぐる国民投票が行われ、併合が決定。クリミアには重要な軍港があり、黒海ルート防衛のためにロシアには欠かせない拠点だったのです。

もう1つが**NATO勢力との対立**のため。ロシアにとって、ウクライナはNATO勢力とのバッファゾーンにしておきたいエリアです。そのため、ウクライナ国内に影響力を持つためにも、クリミアは重要なのです。

ウクライナの内部対立とクリミア併合の大まかな経緯とは

ウクライナ国内では、長く親ロシア派と、親ヨーロッパ派が対立。衝突が発生したときに、ロシアが介入し、混乱の間にクリミアを併合しました。その後、親ロシア派組織とウクライナ政府との間では、現在でも対立が続いています。

1. 親ロシア派と親欧州派の大統領選挙で、親ロ派勝利
2. 反対した親欧派がクーデター。親ロ派の大統領逃亡
3. ロシア軍が混乱を監視するため、クリミア半島を掌握
4. クリミアで独立を問う国民投票。結果、独立し、ロシアに編入
5. ウクライナで、政府(親欧派)と親ロ派が武力衝突

ロシアの行動に本音と建て前が交錯するアメリカとヨーロッパ

ロシアによるクリミア併合に加え、2022年2月のウクライナ軍事侵攻は、国際社会からすさまじい非難を浴びています。しかし、ヨーロッパ諸国は、大量の天然資源をロシアから輸入しているため、あまり強くは出られない部分があります。また、アメリカは、「武力による領土変更」を非難していますが、本音はロシアの勢力の拡大を危惧しているのです。

P36にも登場したけど

「北極海ルート」はロシアと日本にどんな影響が？

ロシア

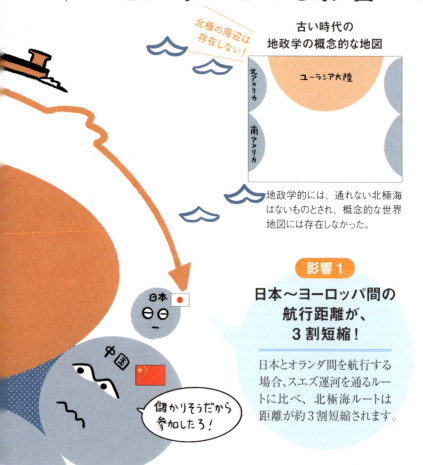

北極の周辺は存在しない！

古い時代の
地政学の概念的な地図

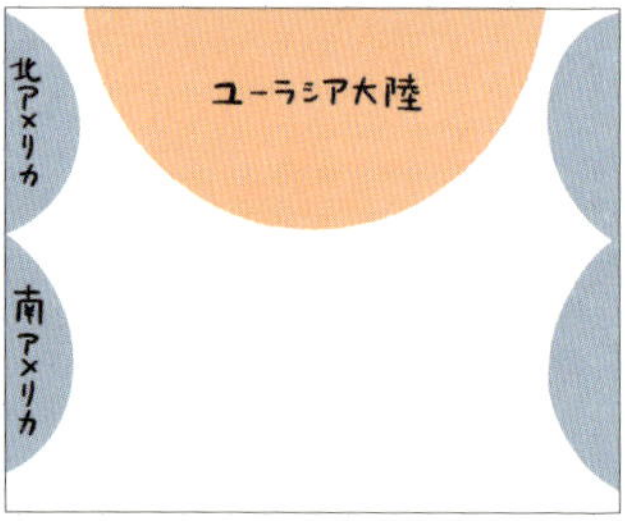

ユーラシア大陸
北アメリカ
南アメリカ

地政学的には、通れない北極海はないものとされ、概念的な世界地図には存在しなかった。

日本

中国

儲かりそうだから参加したろ！

影響1

日本～ヨーロッパ間の航行距離が、3割短縮！

日本とオランダ間を航行する場合、スエズ運河を通るルートに比べ、北極海ルートは距離が約3割短縮されます。

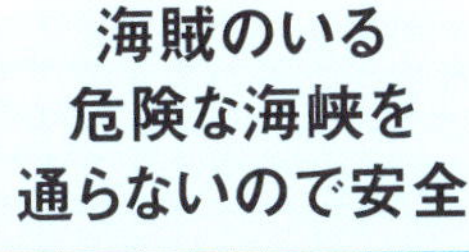

影響 2

海賊のいる危険な海峡を通らないので安全

危険の多い海峡を通る必要がなく、寒冷地を航行することができるため、安全性が高いルートです。

北極海ルート

影響 3

政情が不安定な国は関係ない！航行許可はロシアのみ

中東や東南アジアなど、情勢が不安定な国との取引が必要なく、ロシアの許可のみで航行ができます。

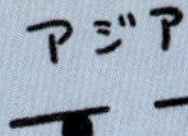

06

Answer

地政学の地図すら変えた大革命

「北極海ルート」は、距離が短くて安全。航行許可も1国だけなどのメリットが!?

解説

ロシアにとって可能性に満ちた北極海ルート

以前は〝北極海は通航不能〟が地政学の常識でした。しかし、氷が溶けて2000年頃に通航可能になり、開通したのが北極海ルートです。

このルートは従来のルートに比べ、「極東〜ヨーロッパ間の距離の短

開発中の北極海ルートにはデメリットもある

〈日本〜ヨーロッパ間のルート〉

北極海ルートは、メリットばかりではなく、デメリットもあります。例えば、氷が溶けたとはいえ、通航には管理に高額な費用がかかる耐氷船が必要です。また、通航にはロシアの北極海航路局へ申請しなければなりませんが、今のところ、通航料が不透明です。さらに、ルートの途中に必要な補給基地や、安全に航行するための海のデータなど、まだ環境整備が不十分な部分もあります。

縮」「海賊がおらず安全」「ロシア1国の許可で航行できる」といったメリットがあります。**現状ではデメリット**もありますが、ルートに隣接するロシアにとっては「通航料の徴収」「通航をコントロールして影響力を持つこと」が可能になります。

また、**北極海周辺には莫大な量の石油や天然ガスが発見**されています。ルートだけでなく、エネルギーの面でも北極海は世界の情勢に大きな影響を与える可能性があり、**多くの国が開発に参加**しています。

北極海ルート周辺には、莫大な石油や天然ガスなどの資源も

北極海周辺の魅力として、ルート以外に豊富な天然資源があります。このエリアには、世界の石油資源の13%、LNG（天然ガス）の30%が採掘可能な状態で埋まっているといわれており、ロシアや中国、フランス、日本などが開発に参加しています。

世界における北極海周辺の推定埋蔵量の割合

石油
13%
90億バレル

LNG（天然ガス）
30%
167兆㎥

世界のエネルギーの動向を変える！

アメリカと中国は北極海ルートをどう考えている？

中国は、アメリカの影響が小さいルートを望んでおり、積極的に北極海開発に参加しています。一方、アメリカは、アラスカに領土を持ち、グリーンランドにも空軍基地を備えるなど、北極海にも一定の影響力があり、進出を目論む中国やロシアと対立しています。

ロシアや中国の影響力おさえたい
ガンガン投資して氷上シルクロードをつくる！
アメリカ
中国

ロシアの動きに大きく関わる「黒海・北極海ルート」以外の4ルートの現状は?

インド・アフガニスタンルート

旧ソ連時代にアフガニスタンから撤退し、現在は通行不可

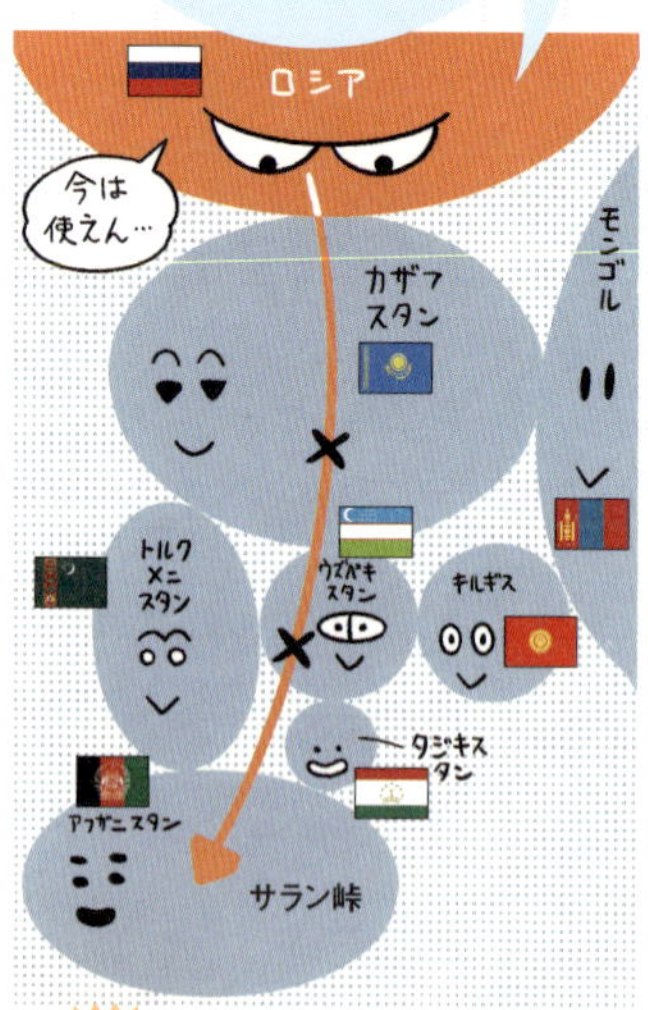

通行不可

1979年のアフガニスタン紛争後、ロシアは通行不可の状態になりました。

シベリア・ウラジオストクルート

ルート周辺の北方領土をめぐり、日本と小競り合い

日本と少し対立

太平洋艦隊の本部があるウラジオストクには、貴重な凍らない港があります。

バルト海ルート

海軍基地があり、監視できるのでロシアにとっては安全

バルト海沿岸には、ロシア海軍のバルト艦隊の軍港があり、周辺を監視しています。

現在の
主要路の
1つ

スウェーデン
フィンランド
ノルウェー
ロシア
バルト海
経済・軍事で
超重要だぜ
エストニア
ラトビア
リトアニア
ベラルーシ
デンマーク
ポーランド
ドイツ
ウクライナ
冷戦時には
使えたが…

ヨーロッパ陸ルート

第二次世界大戦でドイツ軍と旧ソ連軍が対峙したルート。現在は通行不可

ロシアからベラルーシ、ポーランドのワルシャワ付近を通り、ドイツへ向かう陸上のルート。

07

Answer

2つは通行不可で、残りは主要ルート。現在重要なのは「バルト海ルート」と「シベリア・ウラジオストクルート」

解説

ルートから見る大国ロシアの国際関係の現状

黒海ルートと北極海ルート以外の4ルートの現状を見てみましょう。

インド・アフガニスタンルートは、アフガニスタン紛争で旧ソ連が撤退して以来、ロシアの影響力はありません。また、旧ソ連がヨーロッパへ侵攻

アフガニスタン侵攻で失ったルートの要所、サラン峠

1979～1989年に起きた「アフガニスタン紛争」は、アフガニスタン政府支援のために侵攻した旧ソ連軍と、反政府組織の紛争。10年間も続きましたが、最終的に旧ソ連軍は撤退しました。撤退と同時に要所であるヒンドゥークシュ山脈のサラン峠を失い、以降このルートは使用不可になったのです。なお、この侵攻は国力低下を招き、旧ソ連崩壊の一因になったといわれています。

ヒンドゥークシュ山脈
アフガニスタンの北東から南西にわたり、1200kmに及ぶ山脈。標高7000m級の山もあり、東西南北の交通の障害だった。

サラン峠
険しい山中にあるヒンドゥークシュ山脈の数少ない交通路。紛争の前に旧ソ連の支援により数本のトンネルが建設された。

する際に通ったヨーロッパ陸ルートも、現在はNATOの一員である国を抜けるルートのため、ロシアは手が出せません。

バルト海付近にある軍港により、ロシアが掌握しているバルト海ルートは、ロシアの重要なルートの1つです。また、シベリア・ウラジオストクルート付近には、太平洋艦隊の母港であるウラジオストク港があり、このルートもロシアの主要なルートです。ただし、周辺にある北方領土をめぐり、日本と少し対立しています（P34）。

第二次世界大戦や冷戦での侵攻ルートだったヨーロッパ陸ルート

ロシアからベラルーシ、ポーランドを通り、ドイツへと通じるヨーロッパ陸ルート。第二次世界大戦時には旧ソ連とドイツが交戦し、冷戦時には、ワルシャワ条約機構が侵攻したルートです。現在はドイツとポーランドはNATOに加盟しており、アメリカのシーパワー陣営の一部のため、ロシアは進出できません。

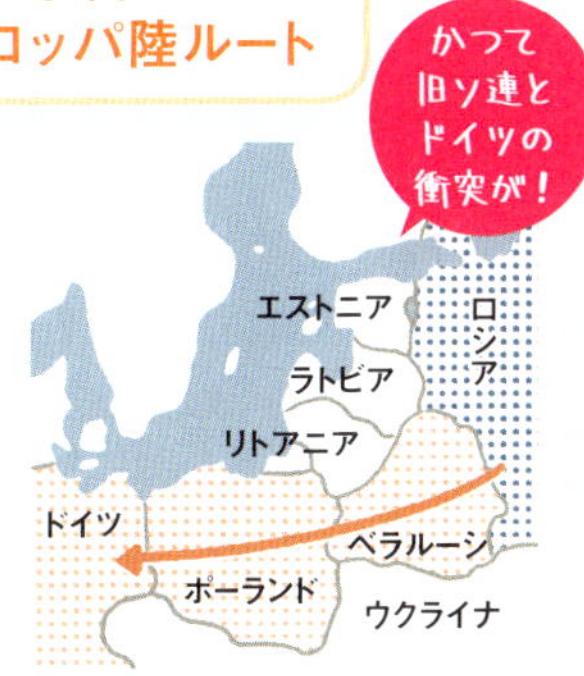

日本で有名なバルト艦隊のいるクロンシュタットという軍港

ロシアの沿岸部のサンクトペテルブルクという都市にあるクロンシュタットには、バルト艦隊の軍港があり、このルートはロシアが制圧しています。ちなみに、日露戦争で交戦したため、日本でも有名なバルト艦隊は、現在でもロシア海軍に5つある艦隊（ほかは北方艦隊、太平洋艦隊、黒海艦隊、カスピ小艦隊）の1つです。

ロシア

プーチン大統領は

ロシアの**将来的な戦略**をどう考えている？

〈1917年～1991年〉

イデオロギー

「人類を飛躍的に進歩させる共産主義の世界をつくろう」

ソ連崩壊
▼
共産主義失敗

〈1991年～1999年〉

経済混乱・紛争激化
▼
資本主義失敗

イデオロギー

「市場開放で資本主義へ転換し、豊かな社会にしよう」

解説

対外的な戦略を正当化するため、地政学を利用

プーチン大統領の思い描く対外戦略の原則は、「世界一の領土の維持・拡充」「国際社会での影響力の拡大」。内容的には、過去の統治者とそう変わりませんが、過去のロシアの〝失敗〟から、対外戦略を実現する手段に地政学を活用しています。

今から100年以上前に理想的な社会主義国家の建設を目指して誕生した旧ソ連ですが、冷戦に敗れて崩壊。そのイ

Answer

地政学的な戦略で、影響力の拡大と領土奪還を目指す

2度の失敗により、イデオロギーは捨てた。

〈2000年～〉

領土を奪われる恐怖から、先に仕掛けて領土を奪う

世界一の領土を持つ大国として世界への影響力を拡大

ソ連崩壊により失った領土をロシアに取り戻す

プーチン

イデオロギー ▶ 強烈なリーダーシップ
地政学的な視点

「リベラル・デモクラシーの夢は見ない。地政学的戦略で世界一の領土を持つ国を維持・発展させる」

デオロギーは失敗に終わりました。その後、市場を開放して資本主義を取り入れ、豊かな社会を目指しますが、経済が混乱し、再び失敗。

この2度の失敗のあとに大統領になったのがプーチン大統領です。彼は耳触りのいいイデオロギーをあきらめ、対外戦略の正当性を担保する指針として、地政学を利用しています。領土拡充を地政学によって正当化しつつ、強烈なリーダーシップで国を引っ張る、それがプーチンの特徴です。

の特徴

世界２位の経済大国にまで登りつめた中国が抱える、地政学的なデメリットとは?

I

はるか昔から、国土の広さのせいで周辺国から攻められる恐怖心が!

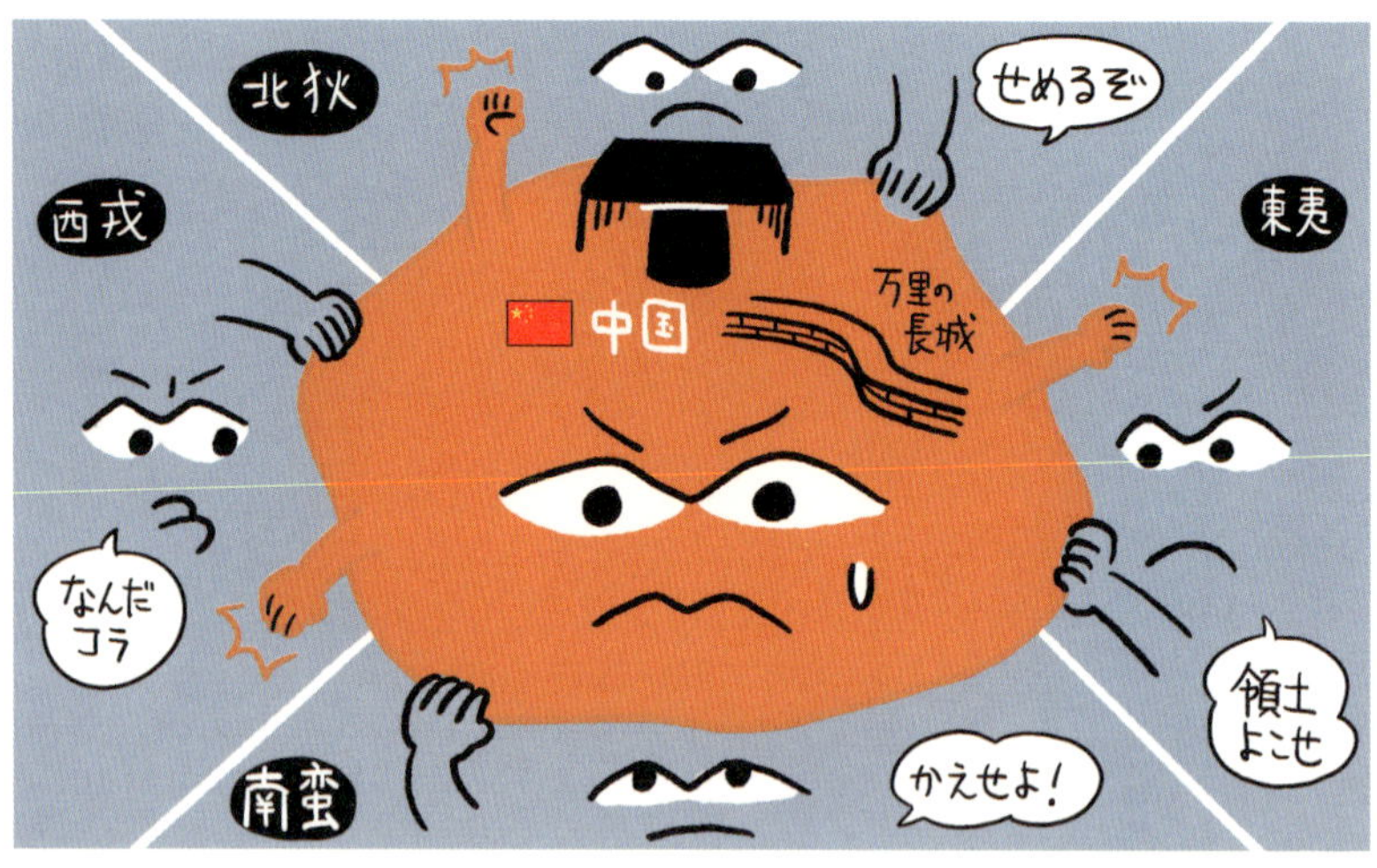

アジア最大の国土面積を持つ中国。古来より、漢民族と四方に住む異民族（東夷、西戎、北狄、南蛮）との争いや、ロシアやベトナムなどの隣接国との国境紛争が絶えず、常に陸の脅威に悩まされてきました。

地政学で考える中国

II 統制

漢民族のほかに50以上の少数民族がいる

中国は国内に50以上の少数民族がいます。国内を監視・統制するための治安維持費が国防費を上回るという、珍しい状態です。

国防費
1.046兆元
(2017年)
<
治安維持費
1.240兆元
(2017年)

反乱はさせない！中国は1つ！

ウイグル族 0.6%
モンゴル族 0.4%
満州族 0.9%
ホイ族 0.8%
チベット族 0.9%
漢族 92%
ミャオ族 0.7%
チワン族 0.4%

※上記は一部です

III 戦略

中国史上2度目のシーパワー国家を目指す

1400年代に海洋進出したことがありますが、周辺国との戦いに注力するために中止に。そして現在、再びシーパワー国家を目指し、海洋へ進出しています。

解説

海洋国家に挑戦する中国

世界第4位の広大な国土を有するランドパワー国家の中国は、古くから陸続きの周辺地域からの侵略に悩まされてきました。長年、攻められる恐怖があったため中国には、**周辺国を取り込もうとする傾向**があります。

同時に、国内には50以上もの少数民族を抱えていることから、民族同士の争いも絶えません。そのため、国内の**治安維持費が国防費を上回る状態が続き**、海外進出す

周辺国との領土争いを続けてきた中国

領土をはっきり決める！

もともと民族間の争いが絶えなかった中国ですが、1949年の建国をきっかけに、周辺国との争いが激化。異民族を弾圧したり、侵略をしたりと、辺境での争いを辞さないようになりました。

1949年	ウイグル併合
1950年	朝鮮戦争に介入 チベット独立運動弾圧
1962年	中印国境紛争
1969年	ソ連との国境論争
1979年	中越戦争
1996年	台湾独立阻止軍事行動
1997年	香港、中国に返還

軍事費より治安維持費が多い世界でも珍しい国

右肩上がりの国防費と治安維持費。特に治安維持費は、国防費を上回っています。治安維持費には、反体制派の監視やジャーナリストの盗聴、過激派対策、ネット上の政治的内容の削除なども含まれるといわれています。

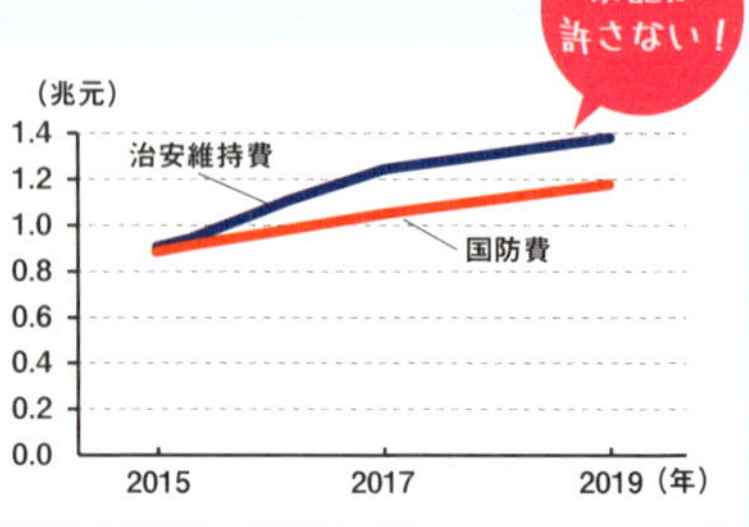

るほどの経済的な余裕はありませんでした。
しかし、近年は急激な経済成長を背景に**海洋に目を向けるようになっています**。伝統的に中国には「漢民族こそが世界の中心である」という**中華思想**がありましたが、1842年のアヘン戦争での敗北により、この思想は打ち砕かれてしまいました。だからこそ、世界第2位の経済大国となった現在、ランドパワーだけでなく、シーパワーをも手に入れ、積年の屈辱を晴らそうとしているのです。

堂々と海洋に出る中国。その動きとは?

世界進出だ!

2013年に当時のオバマ大統領が「アメリカはもう世界の警察官ではない」と宣言すると、積極的な海洋進出を始めた中国。東シナ海や南シナ海を手に入れようとする動きや、インド太平洋の海洋ルート確保の動きが目立ちます。

南シナ海
南沙諸島に人工島を建設。

東シナ海
日中中間線の中国側でガス田開発を進める。

インド太平洋
「第一・第二列島線」、「一帯一路構想」を打ち出し、軍事施設や港の建設を進める。

中国人の根底にある中華思想とは?

中華思想とは、古来から漢民族に伝わる思想で、「中華の天子(皇帝)が世界の中心にあり、その文化・思想が最上である」という自民族中心主義のこと。王朝外の周辺民族に対しては侮蔑の意を込め、四夷(しい)(東夷、西戎、北狄、南蛮)と呼んでいました。

09 Question

なぜ今になって中国は海洋進出を始めたの？

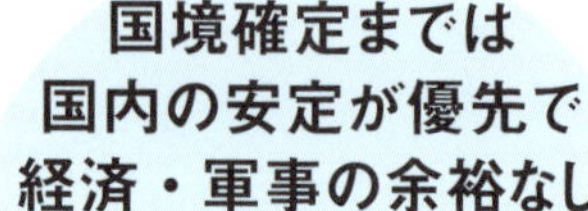

海洋進出の理由1

国境確定までは国内の安定が優先で経済・軍事の余裕なし

過去には日清戦争で日本に領土を奪われたように、中国は2000年代まで、国境争いを続けていました。

進出

東シナ海の尖閣諸島周辺を航行

2008年以降、中国政府の船舶が尖閣諸島周辺の海域を航行し、領海侵入をくり返している。

進出

南シナ海に人工島を建設

軍事拠点として、南沙諸島の暗礁を埋め立て、2016年までに7つの人工島を建設。現在8つめを建設中という噂も。

進出

**北極海に
砕氷船を送る**

海底資源と北極海ルートの確保をねらい、2012年に砕氷船「雪竜」が北極海を横断。

ヨーロッパ

中東

アフリカ

アジア

進出

**紅海、アデン湾に面する
「ジブチ」に基地を建設**

ジブチ

2017年、初の海外基地を東アフリカのジブチに設置。

スリランカ

進出

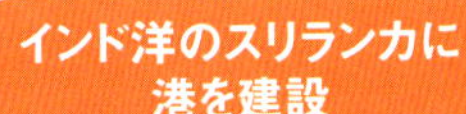

**インド洋のスリランカに
港を建設**

スリランカ南部にあるハンバントタ港の建設を支援。2017年に中国国営企業に運営権が渡った。

情勢の安定や経済の発展により、国外へ向ける戦力が！

国境が固まった現在、経済的な余裕があるため、戦力を国外に向けられるようになりました。

09 Answer

最近になって中国の領土が確定し戦力を国外に使えるようになったから。でも実は、民族争いは終わっていない

解説

国土の面積が大きいゆえの宿命をもつ

ランドパワー国家の宿命から、隣接する国々との争いが絶えなかった中国。しかし、冷戦の終結により90年代に北はロシアと、南はベトナムとの国境を確定するなど、国境問題の解決を進め、2000年代にはほと

長らく行ってきた国境固めがようやく終結

1960年代から近隣国との国境を固め始め、次々と国境を画定する協定を結んでいきました。そして、2000年代にはほぼすべての国境が確定しました。

1960年
中国・ミャンマー国境協定
中国・ネパール国境協定

1963年
中国・アフガニスタン国境協定
中国・パキスタン国境協定

1991年
ラオスとの国境協定

1993年
ベトナムとの国境協定

1994年
中国・カザフスタン国境協定

1999、2002年
中国・タジキスタン国境協定締結

2004年
ロシアとの国境がすべて確定

んどの国境を固めました。これにより、国防に割いていたパワーを国外展開に用いられる体制が整ったのです。これが近年、中国がシーパワー国家を目指して海洋進出を図る理由の1つです。

ただし、**国内の少数民族との対立は完全に解消されてはいません**。中国は旧ソ連やインドとの緩衝地帯とするため、ウイグルやチベットを併合しましたが、同化を求める政策はウイグル族やチベット族の反発を招き、現在でも独立運動が続いています。

民族対立や弾圧が絶えないのは中国が持つ“恐怖心”のせい

異民族に対する弾圧を長年続ける中国。1949年に中国の西南部にあるチベットに侵攻し、併合。中国の西側に居住するウイグル人に対しては近年、“再教育”を行う強制収容所を設け、何十万人も収容するなど、激しさを増しています。これらの残酷な弾圧は、中国がもともと抱く、「陸の脅威」に対する恐怖心からくるものといえるでしょう。

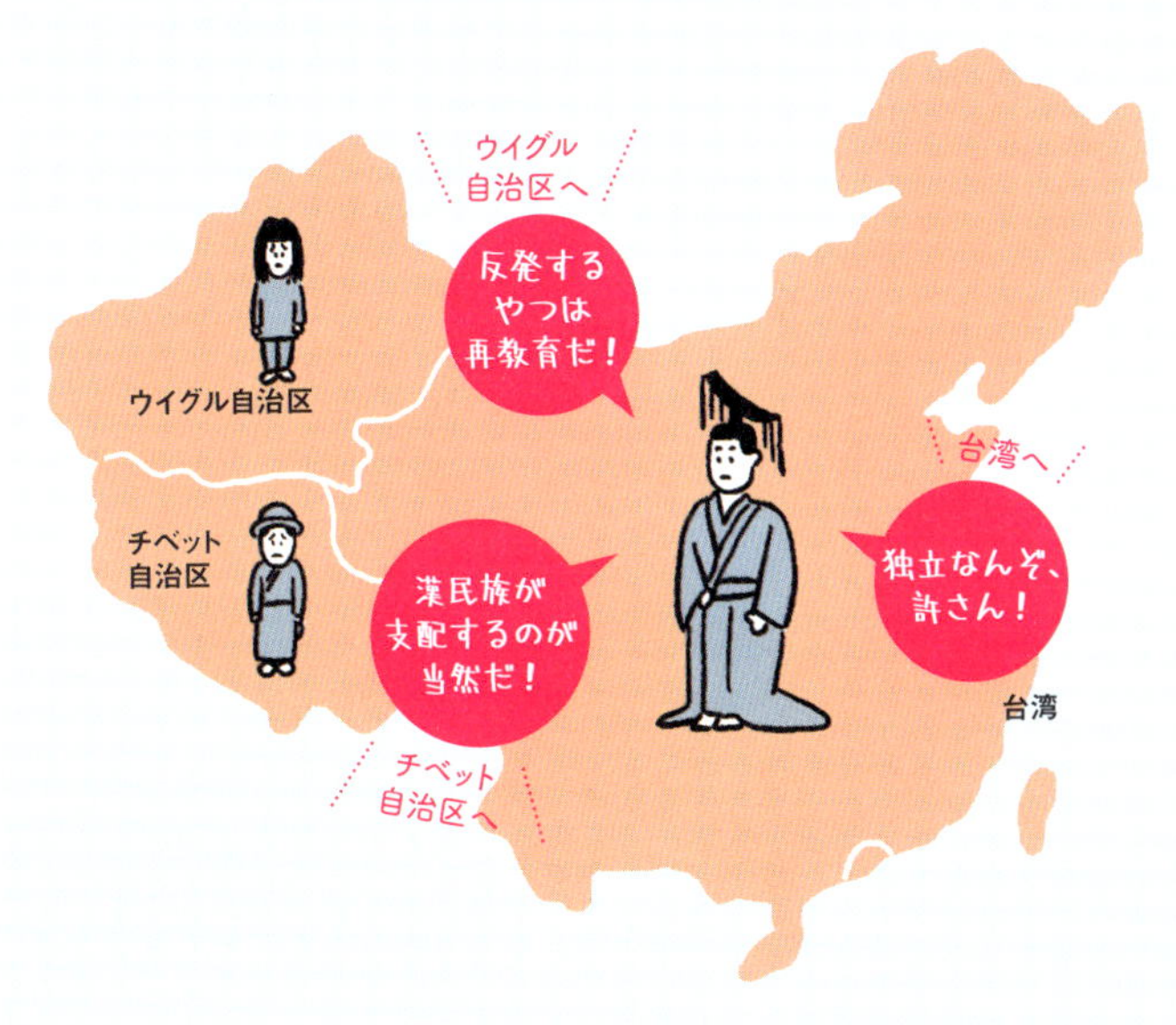

明(ミン)以来、2度目! 海に出る中国のいかにも"陸の国"らしい海洋進出アプローチとは?

海を制すには、拠点を取るのが地政学の常識

P26でも紹介しましたが、海の覇権を握るには、島に拠点をつくり、そこから周囲の海域をコントロールするのが地政学の常識とされています。

中国のランドパワー的海洋進出アプローチ

海に線を引き、“面”で取ろうとする

国境という“線”の概念が強い中国は、海にも独自の線を引き、点ではなく、面で取ろうとしているのです。

10

Answer

海上に線を引く!?

地政学的にはありえない軍事戦略「第一・第二列島線」

解説

独自の線を海に引きアメリカの接近を抑止する

海洋進出をする際、シーパワー国家は「拠点」を確保することを第一に考えます。つまり、まずは「点」をおさえ、そこから周囲ににらみを効かせてそのエリアをコントロール下に入れるのです。

ところが、ランドパワー

海上を「面で取る」という中国の列島線とは!?

列島線構想とは中国が提唱する、戦略展開の目標ラインのこと。ライン内における制海権の獲得を目指し、戦略の整備や海洋調査を行っています。太平洋上に描かれる第一列島線〜第三列島線をおさえる計画です。

さらに、中国内部の構想には、第一〜第三だけではなく、インド洋に描かれるパキスタンからスリランカ、ディエゴガルシアに至る線や、ジブチからアフリカ東部や南アフリカなどを通る線も存在しているという説もあるようです。

国家の中国は海も陸と同じように「面」で考えます。それが表れているのが、鄧小平（とうしょうへい）が提唱した**「第一列島線」「第二列島線」という概念**。第一列島線とは、南西諸島〜台湾〜フィリピンを結ぶライン。**この列島線内に尖閣諸島もあります**。小笠原諸島〜グアム・サイパンをつなぐのが第二列島線。列島線内をおさえることでアメリカの勢力を排除しようとしているのです。ただし、難航しており、**当初の計画からはすでに遅れている**のが現状です。

尖閣諸島にこだわるのは列島線の構想を実現させるため

第一列島線から第二列島線へ進むために重要な場所となるのが尖閣諸島。中国は1992年に「領海法」を制定し、尖閣諸島、南沙諸島、西沙諸島の領有権を一方的に主張。それ以降、頻繁に領海内を航行し、日本をけん制しています。

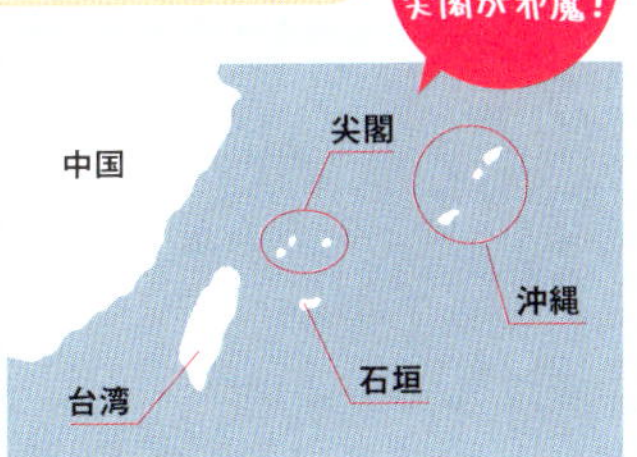

現状、スケジュールは大幅に遅れている……

中国海軍の司令官が打ち出したスケジュールでは、2010年までには第一列島線を、2020年までには第二列島線をおさえるとしていました。しかし、計画通りには進んでおらず、当初の計画よりも10年ほど遅れをとっています。

当初のスケジュール

1982～2000年 〈再建期〉
中国沿岸地域の完全な防衛体制を整備

2000～2010年 〈躍進前期〉
第一列島線内部の制海権を確保

いま このへん

2010～2020年 〈躍進後期〉
第二列島線内部の制海権を確保

2020～2040年 〈完成期〉
米海軍による太平洋、インド洋の独占的支配を阻止

～2050年
米海軍と対等な海軍を建設

11 Question

現代版シルクロードといわれる「一帯一路」とは“いったい”どんな構想なの？

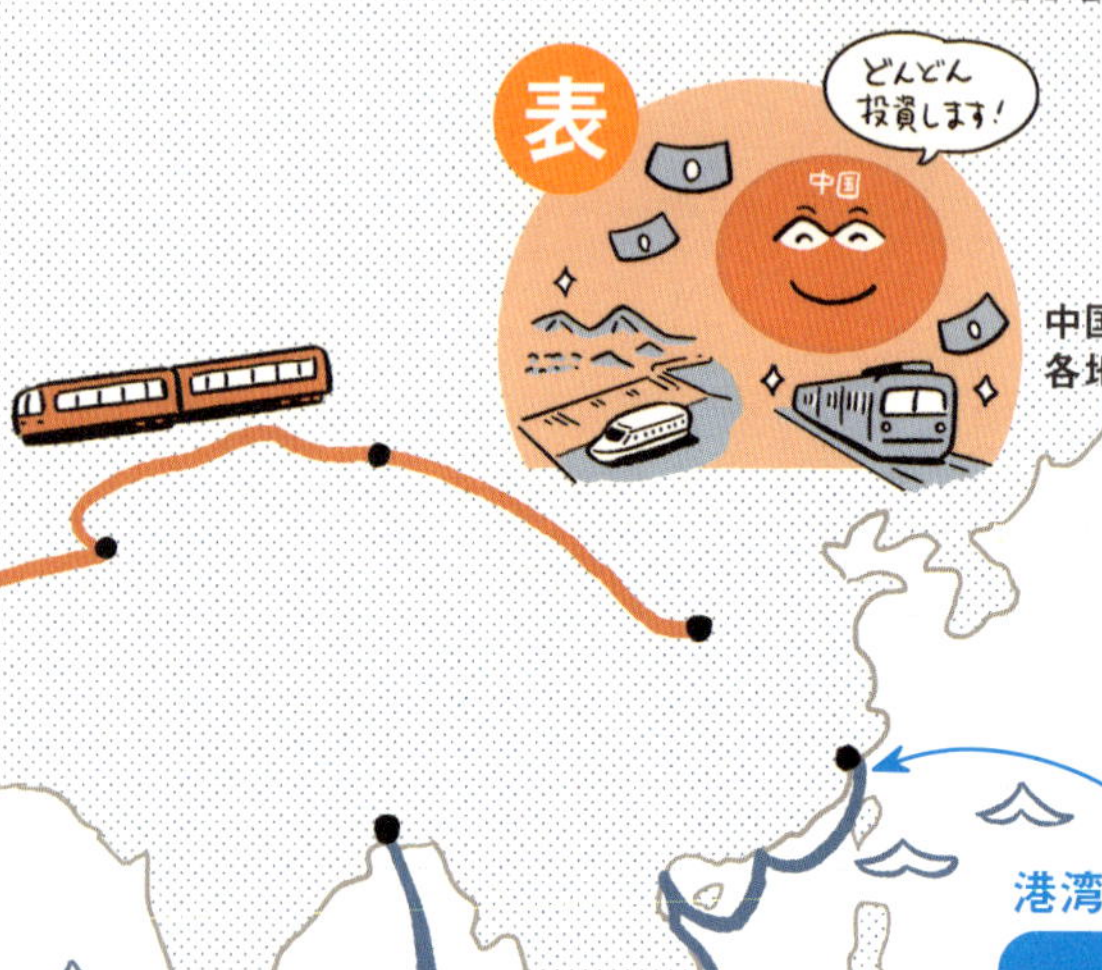

中国の投資により、各地に鉄道や港を建設

港湾設備を整えた海のルート

一路

中国沿岸部から東南アジア、アラビア半島を経由し、ヨーロッパへ行く「海上シルクロード」。

解説

世界を豊かにする構想に見えるがその裏には……

現在の中国は、ランドパワーとシーパワーの両方を手に入れることを目指しているようです。それを象徴するのが、習近平（しゅうきんぺい）が掲げた「一帯一路」構想。一帯とは中央アジアとヨーロッパをつなぐ陸上の物流ルート、一路は南シナ海から地中海を結ぶ海上の物流ルートのこと。経済的に余裕のある中国の積極的な投資により、一帯一路上にある国々の陸海の物流インフラを整備して貿

Answer

シーパワーとランドパワーを両立させ
貿易を促進させる構想だが裏にはさまざまな問題が

貨物をノンストップで輸送！

一帯

中国西部から中央アジアを経由し、ヨーロッパへと至る「シルクロード経済ベルト」。

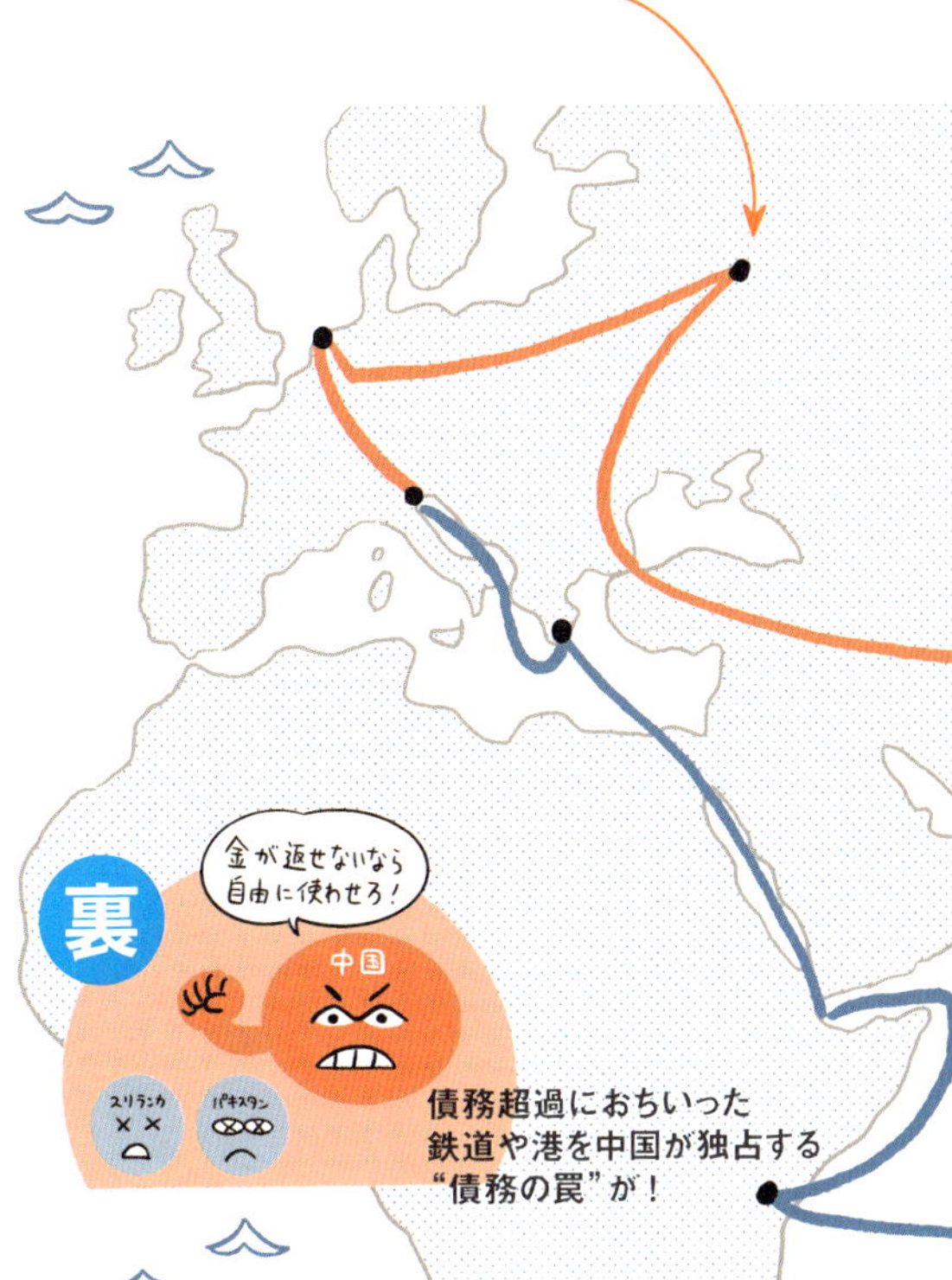
裏
金が返せないなら自由に使わせろ！
中国
スリランカ
パキスタン
債務超過におちいった鉄道や港を中国が独占する“債務の罠”が！

易を促進し、経済圏をつくろうという構想です。

中国の本音としては国内で過剰になった製品を国外で売って利益を得たいという思いや、13億の国民に国外で仕事を与える意図もあるようです。

さらに、中国の貸しつけに対し、返済不能になると中国が使用権を独占するという〝債務の罠〟も国際的に問題視されています。

ランドとシーの力を両立し、存続できた国家はこれまでになく、一帯一路の先行きは不透明です。

12 Question

中国

インドや東南アジアが反発!?

中国は水をめぐって周辺国と対立しているって本当?

〈チベット高原周辺のダム〉

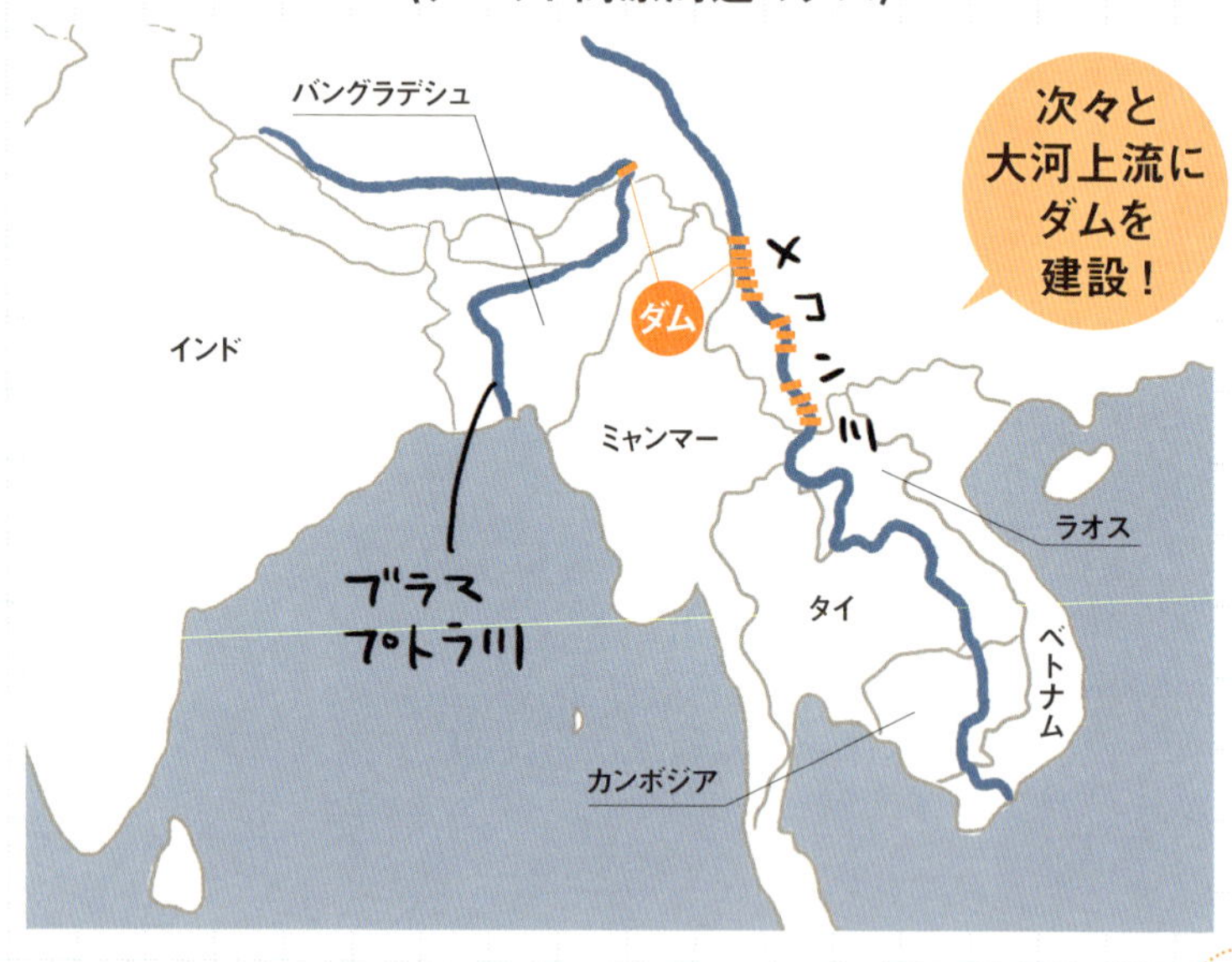

解説

上流でのダム建設が下流で大問題に

古くから水資源の確保は国家の最重要課題です。しかし、中国は地形的な制約もあり、都市への水の供給がうまくいかず、近年は水不足が深刻になっています。

そこで中国が目をつけたのがチベット高原です。このエリアの地下には豊富な水脈があり、この水はメコン川やブラマプトラ川へと至ります。これらの河川は中国はもちろん、インドや東南アジア全体

Answer

上流にある中国のダム建設に反発している

河川の下流の国では水不足になる可能性が！

〈上流の中国と下流にある国々〉

中国
発電に使う！
環境にも配慮してるし！
水を返せ！
インド
バングラデシュ
ラオス
タイ

の重要な水源となっているのです。しかし、河川の上流にある中国は、いくつものダムを建設し、水の流れを東側に向かわせようと画策しています。

これは下流にあるインドやバングラデシュ、ラオス、タイなどの国々にとって水量が減ることを意味しているため、彼らにとっては死活問題です。そのため、これらの国々は、中国の動きに対して激しく反発しており、近い将来、中国との間で「水戦争」が勃発する可能性がささやかれています。

世界情勢を大きく変える！

新型コロナウイルス後の世界は中国がさらに台頭⁉

コロナウイルスのまん延　国境封鎖にともない、一時的に「グローバリズム」が減退

解説

国際情勢を大きく揺るがす新型コロナの流行

2020年初頭から一気に広まった新型コロナウイルスは、世界を大混乱におとしいれました。国際情勢において、第二次世界大戦並の影響があるといわれています。

このウイルスの流行を地政学的にとらえると、まず国境封鎖などによって、現代の国際社会の前提ともいえる「グローバリズム」の流れが一時的に減退すると考えられます。「グローバリズム」はシーパ

Answer

シーパワー優位の現状から
収束直後は「中国の台頭」、その後「シーパワーの復権」へ

コロナウイルス収束直後　国内で経済を大きく回せる中国（ランドパワー）が台頭

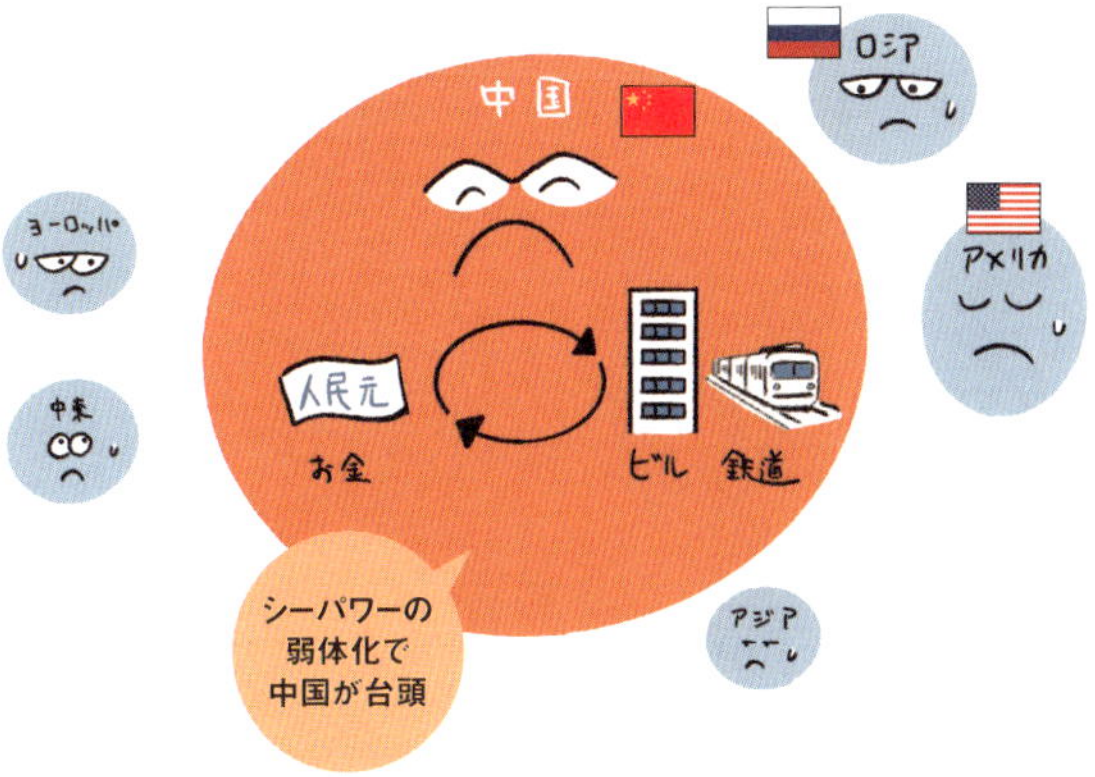

収束から5～10年後　拡大した中国の勢力にシーパワー勢力が戻り、中国は失速

ワーの土台であるため、相反するランドパワーの勢力が強くなります。なかでも、人口が多く、ある程度自国内で経済を回せる中国は、世界の経済が大きな打撃を受けるなかで、さらに躍進を遂げると予測されています。ただし、ウイルスの危機が収束して5～10年程度たつと、一帯一路で拡大した中国の勢力に、流行以前に影響力のあったシーパワー勢力が戻ってくるため、以降は中国も成長を続けられないと思われます。

※ 2020 年 4 月時点の内容です

習近平国家主席の思い描く 中国の未来とは?

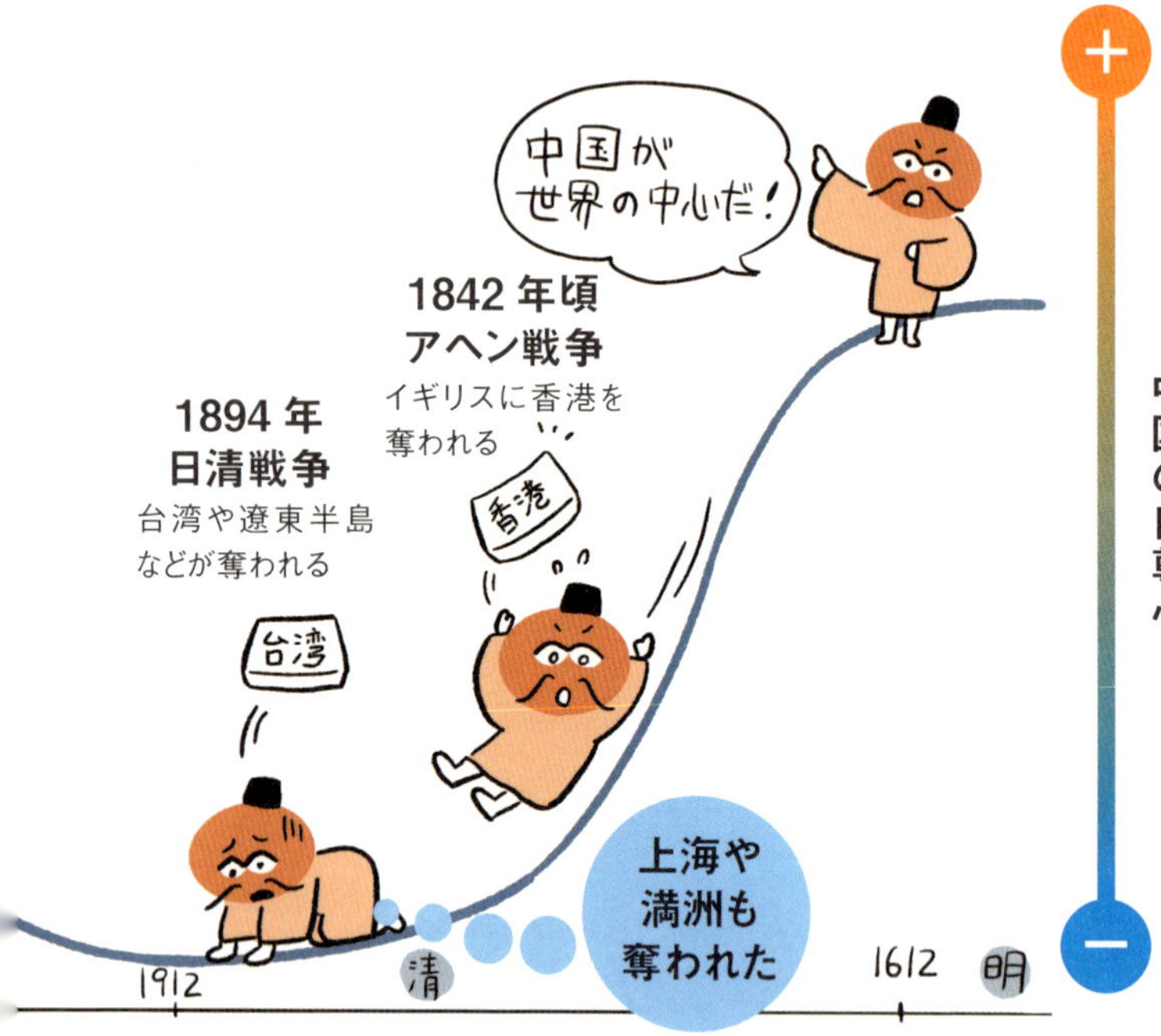

中国

中国が世界の中心だ!

1842年頃
アヘン戦争
イギリスに香港を奪われる

香港

1894年
日清戦争
台湾や遼東半島などが奪われる

台湾

上海や満洲も奪われた

1912　清　1612　明

中国の自尊心

＋

－

解説

中華思想を胸に抱きリベンジに燃える

ひと言でいえば、「中国中心の中華帝国をつくる」こと。それが積極的に海洋進出を進める習近平国家主席の頭のなかにある構想だと考えられています。

若い人などは薄れてきているともいわれますが、P99でも紹介したように、中国の伝統的な意識としては「自分たちこそが世界の中心であり、周囲は蛮族である」という自負があります。実際、

Answer

まずはマイナスからゼロへ。ゆくゆくは中国を中心とする大帝国を再建すること!

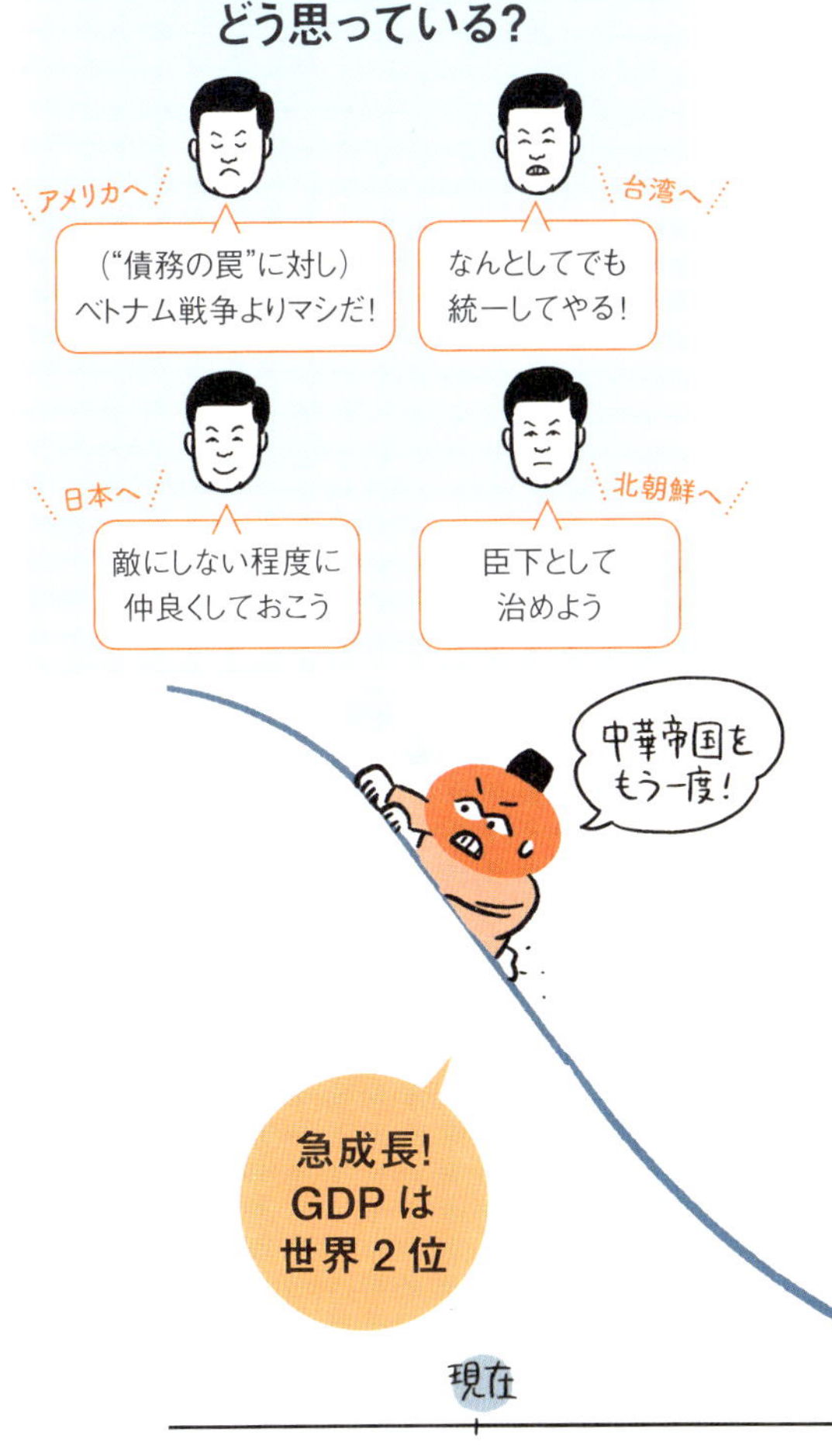

習近平は各国のことをどう思っている?
アメリカへ
(“債務の罠”に対し)ベトナム戦争よりマシだ!
台湾へ
なんとしてでも統一してやる!
日本へ
敵にしない程度に仲良くしておこう
北朝鮮へ
臣下として治めよう
中華帝国をもう一度!
急成長! GDPは世界2位
現在

19世紀前半までの中国は、世界最大の富強国家の1つだったのです。

しかし、アヘン戦争でイギリスに敗北し、日清戦争では日本にも敗れるなど、以降は半植民地状態に置かれる「屈辱の100年」を味わいます。

そこで、まずは奪われたものを取り返す、マイナスをゼロに戻そうと意欲を燃やしているのが現在の中国です。さらにゆくゆくは中華帝国を再興する、習近平国家主席の野望はそこにあるようです。

Geopolitics Column

04

広大な領域を支配！地政学でよく登場する歴史上の大国

世界の広大な領域に影響力を持っていた、かつての大英帝国や、大航海時代のスペインやポルトガル。歴史上、こうした大国は何度か登場し、世界に威光を放ちながらも、徐々に衰退し、滅亡していきました。ここで地政学でしばしば登場する2つの大国を紹介します。

まず、紀元前27年頃～紀元395年まで、ヨーロッパに存在した大国のローマ帝国です。最盛期には、現在のイタリアを中心に、地中海一帯の数多くの民族を支配しました。地政学の研究では、**ローマ帝国は「海と陸の支配の両立」を目指し、拡大しすぎたことが滅亡の大きな原因の1つ**といわれています。

2つめは、オスマン帝国。オスマン帝国は、13世紀末から20世紀という非常に長い期間にわたって存在し、最盛期にはアフリカ大陸北部から東欧、中東の一部を支配しました。この大国を起源とするのが現在のトルコです。P131でも紹介しますが、**オスマン帝国は優れた統治を行い、宗教や民族の対立はあまり起こりません**でした。しかし、オスマン帝国の影響力が衰えて統治が難しくなった頃、第一次世界大戦が起こりました。その最中に英仏露で結んだオスマン帝国を分割するサイクス・ピコ協定が、今日の中東の混乱の一因となっています。

Other places Geopolitics

さまざまな思惑が複雑に絡み合う

アジア・中東・ヨーロッパの地政学

ロシアやアメリカと比べると、国土の小さな国家が集まったアジアやヨーロッパ、中東。大国に翻弄されながらも、自国を守るために独自の地政学戦略を展開しています。

数々の小国と、世界に台頭する大国が存在するアジア。各国の戦略と、今後の展望とは?

I 外交

大国を天秤にかける駆け引きが得意な小国が集まる

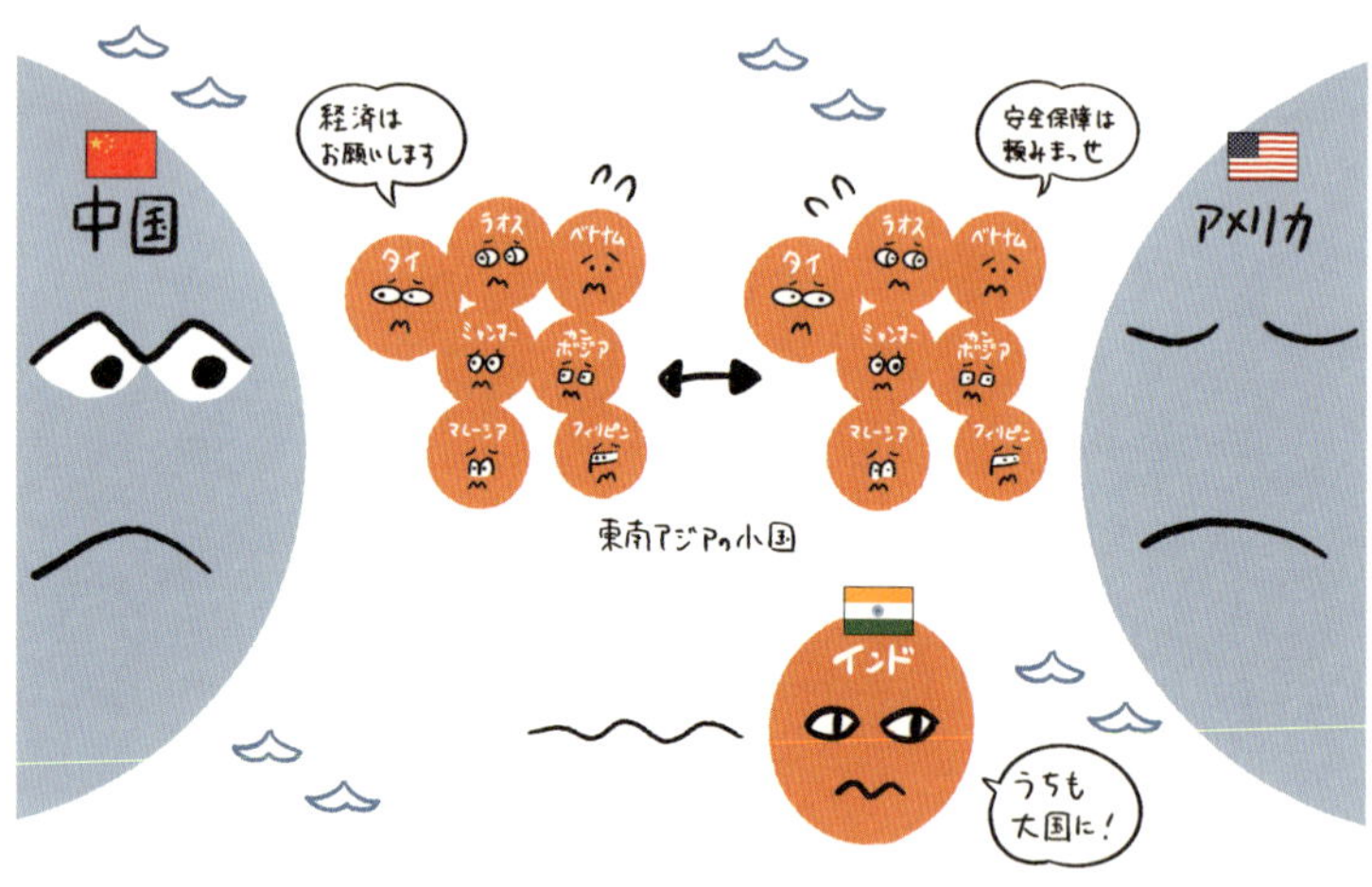

解説

海洋国家と大陸国家の間で翻弄される地域

中国とインドに挟まれる位置に、ベトナムやタイなどの国土の小さな国がひしめき合うアジア。地政学的には、アジアの沿岸地帯はリムランドであり、歴史的に見てもランドパワーとシーパワーの衝突が絶えない地域でした。

近年では、大陸国家の中国による、南シナ海での勢力拡大の行動が目立ち、それに対し海洋国家のアメリカは、軍艦を派遣し、中国をけん制しています。ただし、東南アジア諸国は、国力が高くないため、経済面では中国に、安全保障面ではアメリカに依存し、両国を天秤にかけています。

地政学で考えるアジア

II 文化

東南アジアはインド・中華・ペルシャの3つの文化圏に分かれている

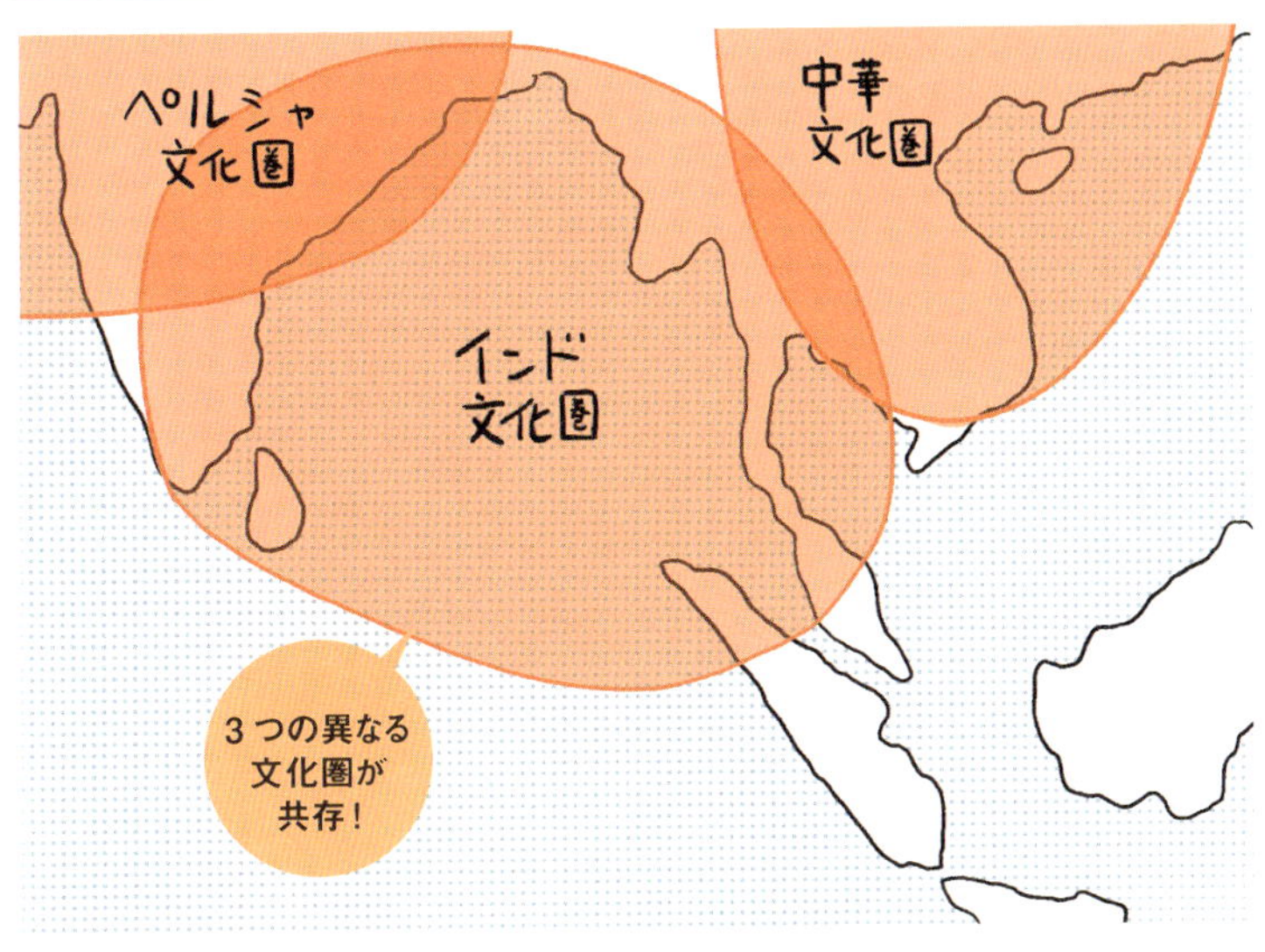

面積のほとんどを海洋が占め、主に小さな島々で成り立っている東南アジア。古くから1つの国で大きな力を持つことが難しく、周辺の強国に大きく影響を受けてきたため、地域によって大きく3つの文化圏に分かれています。

インド文化圏

タイやカンボジア、マレーシアなどは、文字や語彙、宗教などの面で、インドの影響が強い。

中華文化圏

特にベトナム北部のあたりは、古くから中国の影響を強く受けてきた。

ペルシャ文化圏

現在でもイスラム教の信者が多いなど、ペルシャの影響が大きい。

中国の裏で実は急成長。

台頭するインドと中国の対立について教えて!

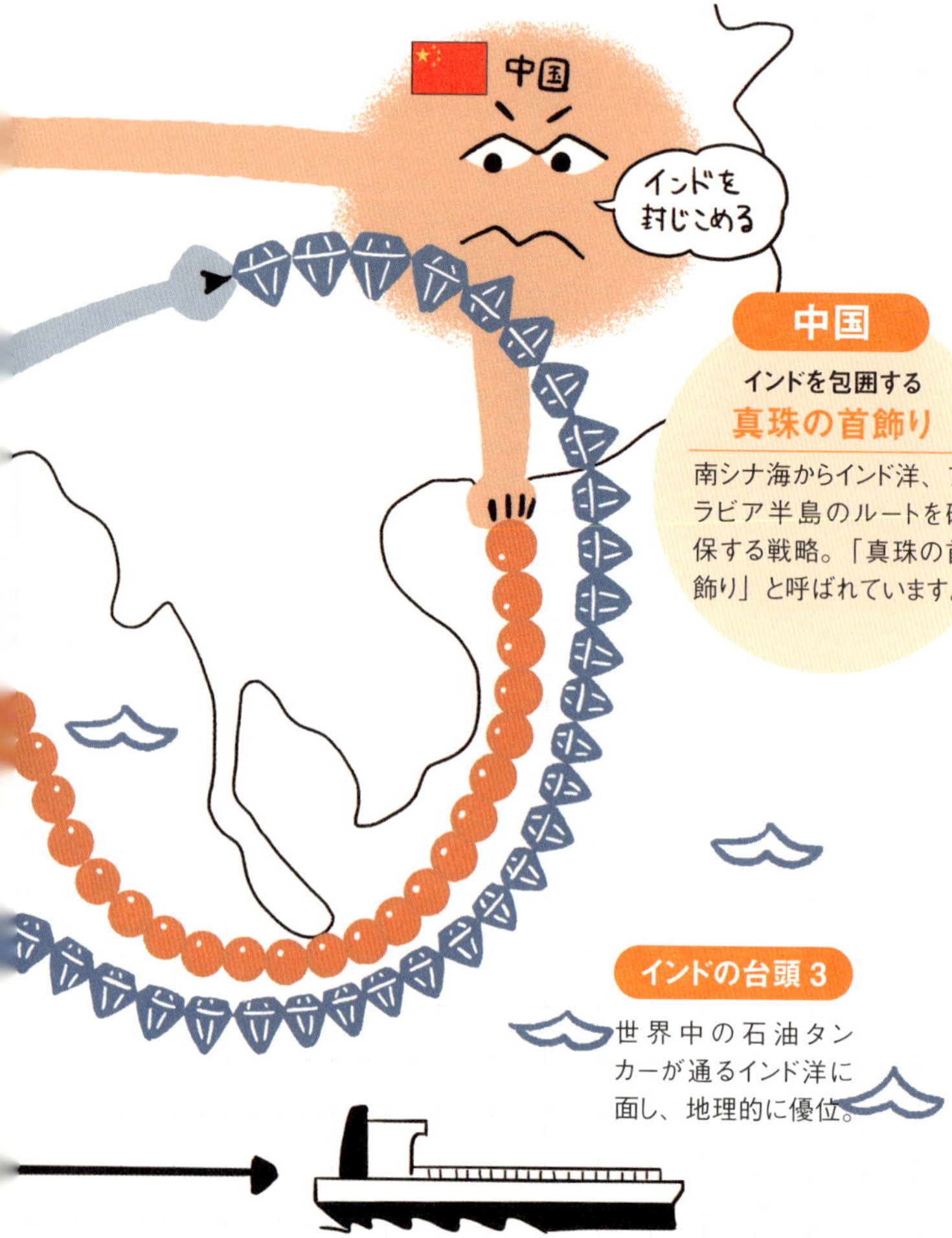

中国

インドを包囲する
真珠の首飾り

南シナ海からインド洋、アラビア半島のルートを確保する戦略。「真珠の首飾り」と呼ばれています。

インドの台頭 3

世界中の石油タンカーが通るインド洋に面し、地理的に優位。

石油ルートの主導権をめぐり中国とインドが対立

急成長中のインドは、世界中の石油タンカーが通過するインド洋をめぐり、独自戦略を展開して、海洋進出をする中国と対立しています。

インドの台頭 1

人口が増え、将来は世界第 3 位の経済規模になると見込まれる。

インド

中国に対抗する

ダイヤのネックレス

アフリカ東部や東南アジア諸国との連携を進める「ダイヤのネックレス」構想を打ち出しました。

インドの台頭 2

インドは核保有国であり、最近は世界で第 2 位の武器輸入国。

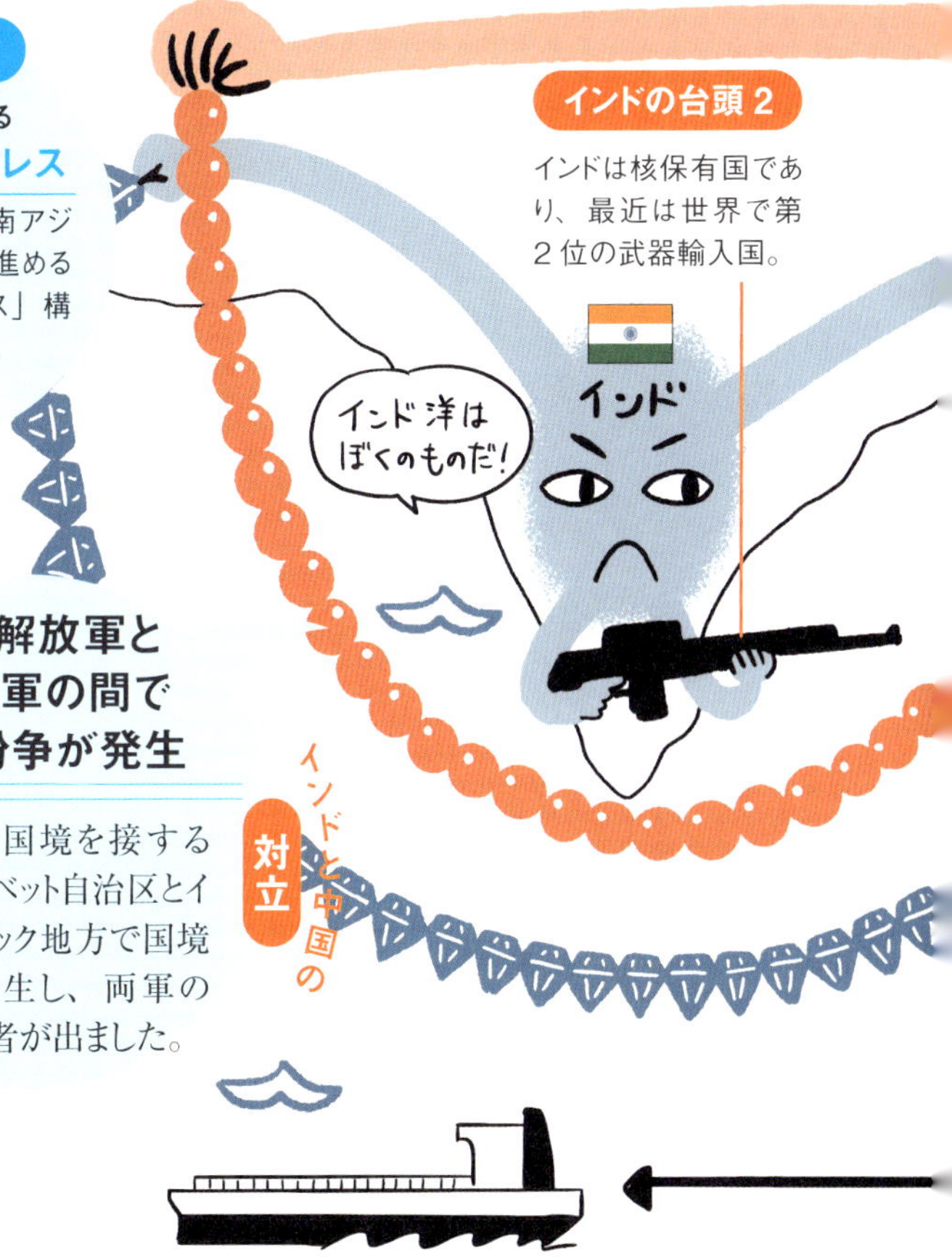

インド

インド洋はぼくのものだ!

中国解放軍とインド軍の間で国境紛争が発生

2020 年、国境を接する中国のチベット自治区とインドのラダック地方で国境紛争が発生し、両軍の兵士に死者が出ました。

インドと中国の
対立

01

Answer

インド洋で火花が散る！

急成長するインドと中国は石油のルートの確保が重要課題

解説

インド洋での影響力を拡大することが重要に

現在世界的に注目を集めるインド。そこにはいくつかの理由があります。まずは経済と人口規模の拡大率。２０５０年までにはアメリカと中国に次ぐ世界３位の経済規模に、**21世紀半ばには世界最大の人口を持つ**

経済成長が目覚ましいインド。2050 年には米中に追いつく!?

毎年約 2500 万人の出生数をほこるインドは、2020 年から 2030 年の間に中国の人口を追い抜くと予想されています。また、人口 13 億人のうち半数以上を 25 歳以下が占め、平均年齢が 47 歳の日本に比べ、インドの平均年齢は 27 歳。若い世代の人口が非常に多いのも、インドの台頭が予測される理由の 1 つです。

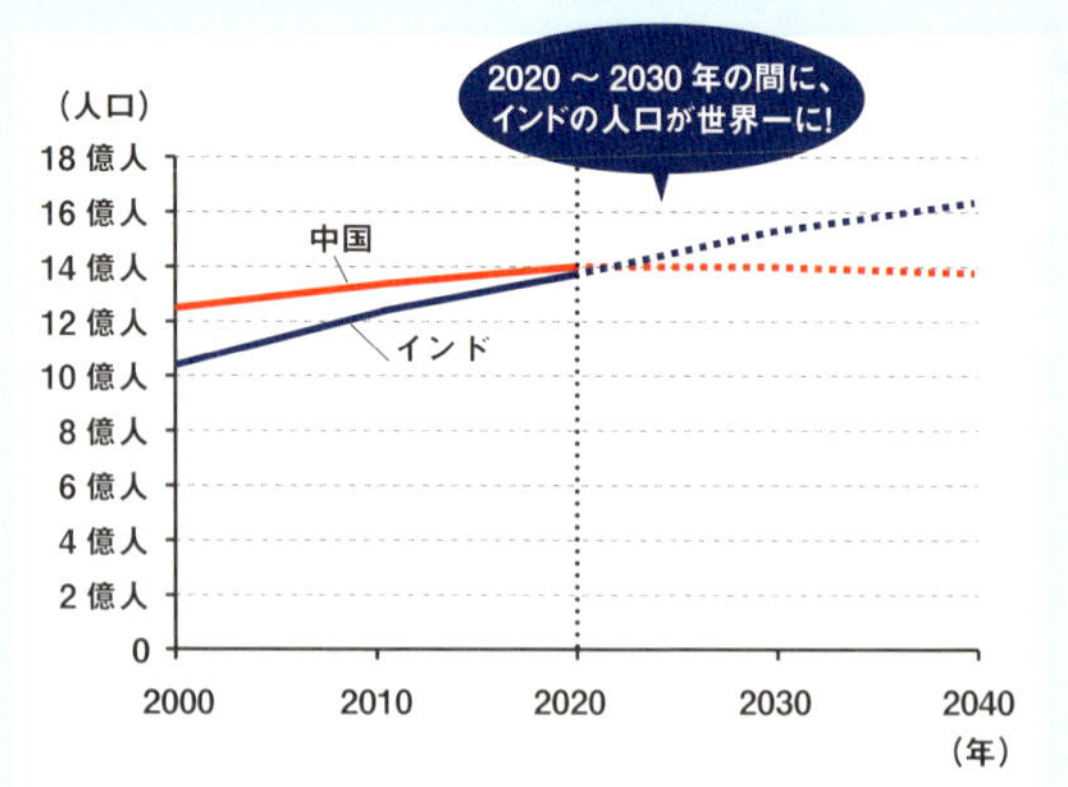

▼

人口増加に伴い、ますます石油の確保が重要に！

国になるといわれています。エネルギー消費の増加に伴い、石油のルート確保は必須課題です。

またインド洋に面していることも重要です。インド洋は中東から太平洋まで石油関連製品の約70%が通過する世界的な要所。インドと同様に石油の消費量が増加している中国にとっても、インド洋は死活的に重要なため、石油ルートの確保を目指し、**中国が打ち出したのが「真珠の首飾り」**です。それに対抗し、**インドも「ダイヤのネックレス」作戦を展開**しています。

石油ルートの要所であるインド洋。中国の「真珠の首飾り」とインドの「ダイヤのネックレス」とは!?

中国が輸入する原油の8割がマラッカ海峡を通っており、万が一アメリカにマラッカ海峡を封鎖された場合、中国は危機的な状況におちいります。そのため中国は、パキスタンやミャンマーなどに港を建設し、ルートの確保を進めています。これがインドをぐるりと囲むように見えることから「真珠の首飾り」と呼ばれています。

これに対しインドは、アフリカや東南アジアなどとの協力関係を強め、真珠の首飾りを、その外側から包囲する「ダイヤのネックレス」という構想で対抗しています。

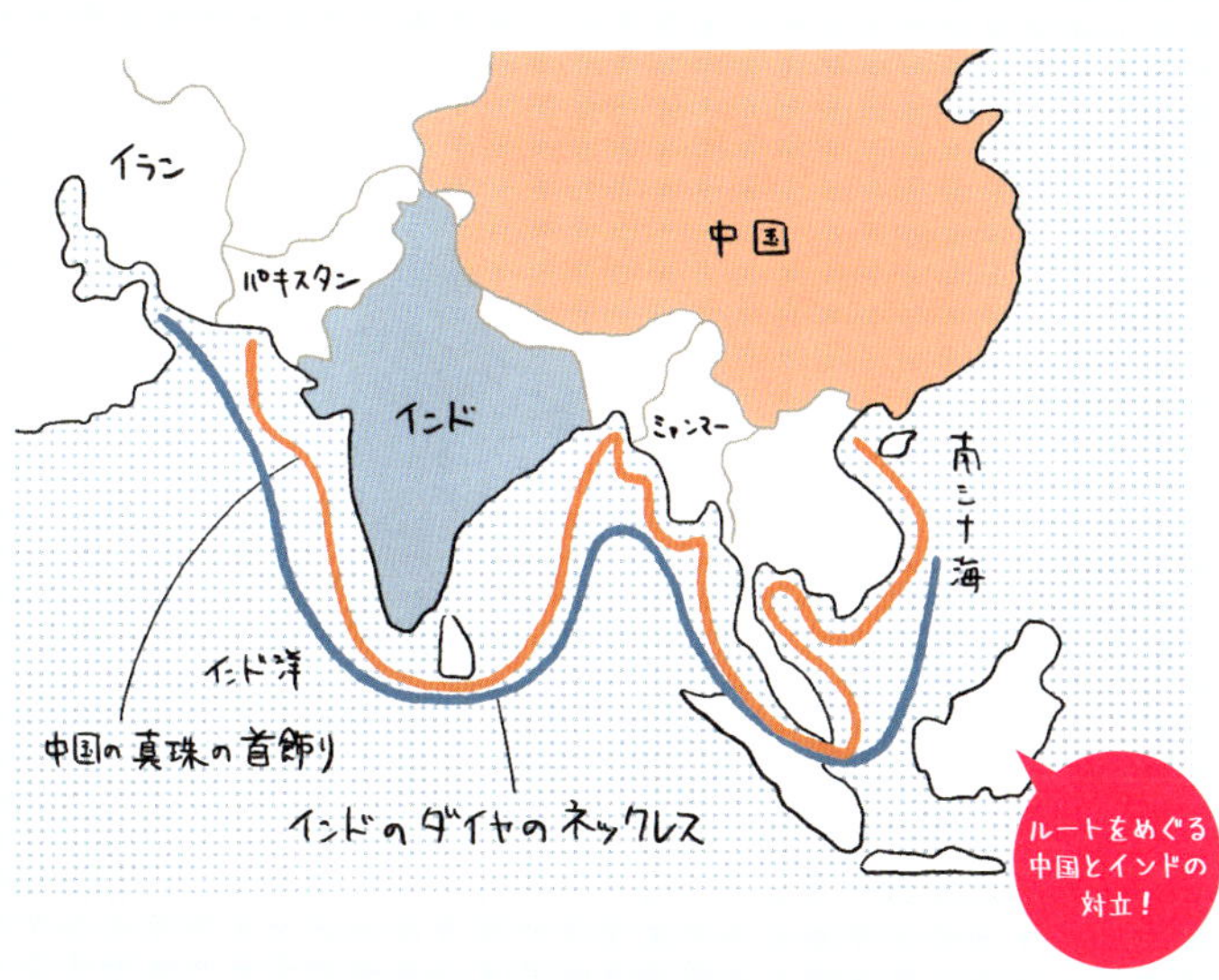

東南アジアの ベトナム・ラオス・カンボジア・タイと米中の関係って？

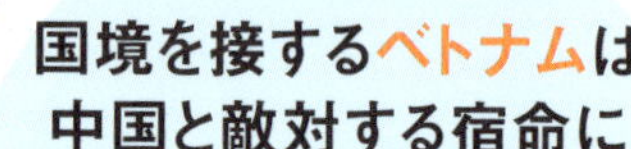

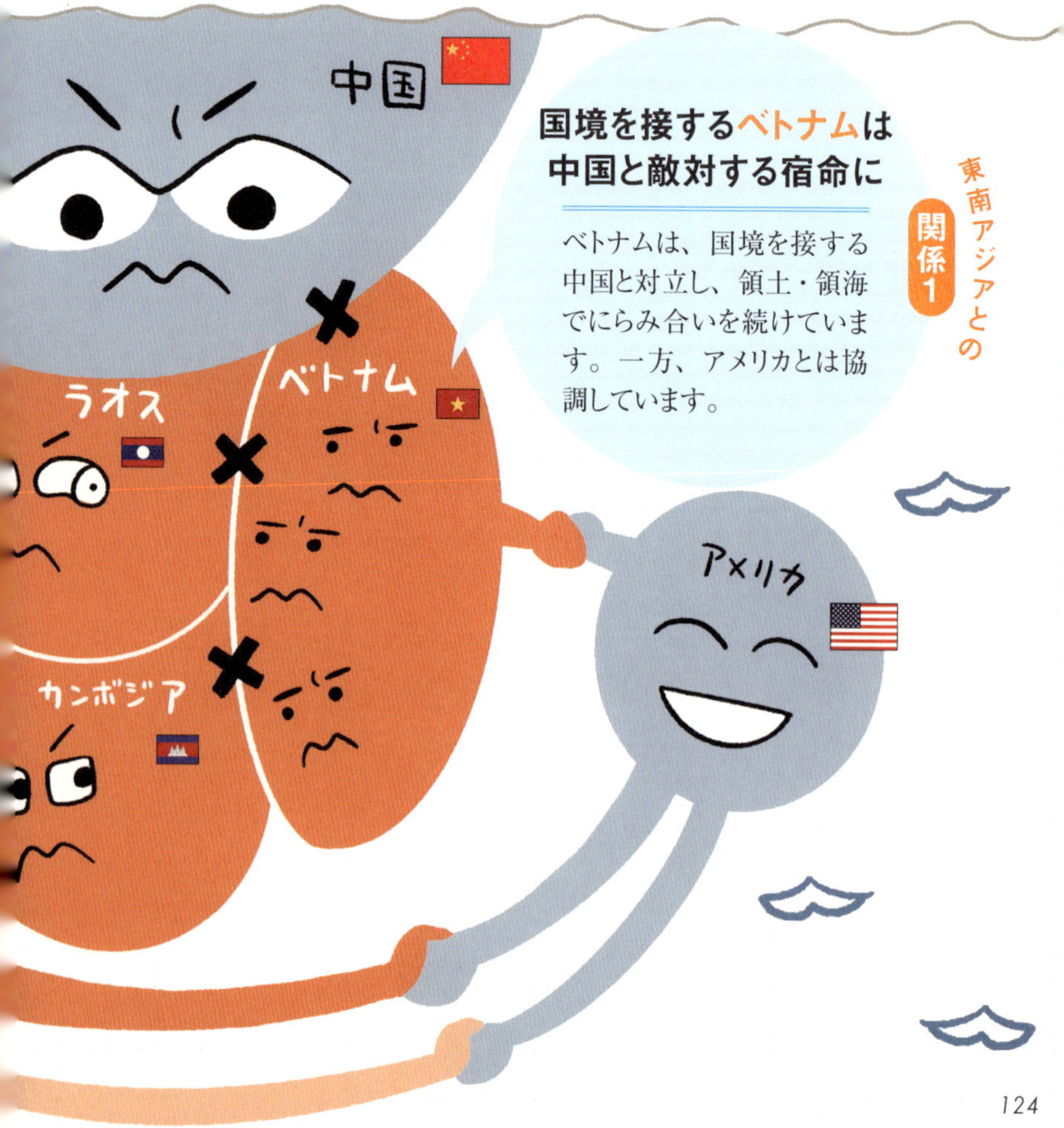

国境を接するベトナムは中国と敵対する宿命に

ベトナムは、国境を接する中国と対立し、領土・領海でにらみ合いを続けています。一方、アメリカとは協調しています。

ラオス・カンボジアは中国の支援を受け、ベトナムに対抗

ラオス・カンボジアは中国の支援を受けながら、共通の敵であるベトナムをけん制しています。

〈周辺国の地図〉

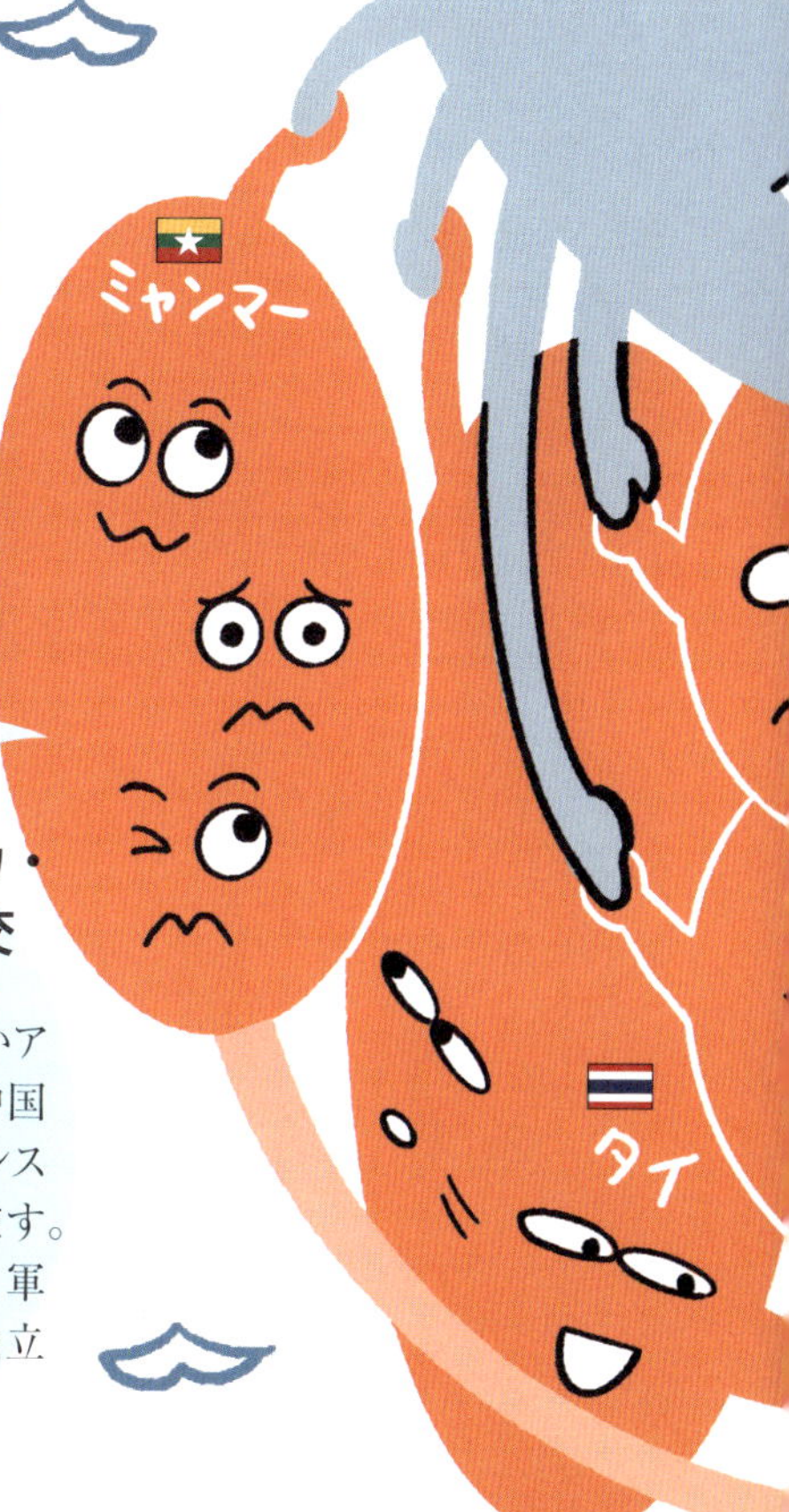

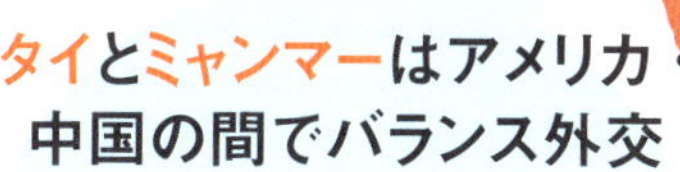

タイとミャンマーはアメリカ・中国の間でバランス外交

関係3
東南アジアとの

タイは、東南アジアでは少ないアメリカの同盟国である一方、中国が最大の貿易相手国。バランスを見ながら外交を行なっています。ミャンマーもバランス型ですが、軍部などは中国寄り、民衆は独立をのぞんでいるようです。

02
Answer

東南アジアは米中とのバランス外交が避けられない

中国依存が色濃い

解説

経済依存と安全保障の間で揺れる東南アジア

東南アジアの諸国は、1つの国では国力が低く、**中国への経済依存が避けられません**。一方で、アメリカからも支援を受けるなど、**両国間でのバランスを保っています**。

ベトナムは、隣り合う中国とは長年敵対関係

年々経済的な影響力を増す中国。対中輸入が40%弱の国も

中国はここ10年、ASEAN諸国にとって最大の貿易国です。中国が進める一帯一路構想により、中国とASEAN諸国の相互輸出入の割合は年々増加し、その関係性はさらに深まっています。なかでも、ラオスとミャンマーは中国への輸出が全体の30%超で、カンボジア、ミャンマーは対中国の輸入が30%以上も占めています。

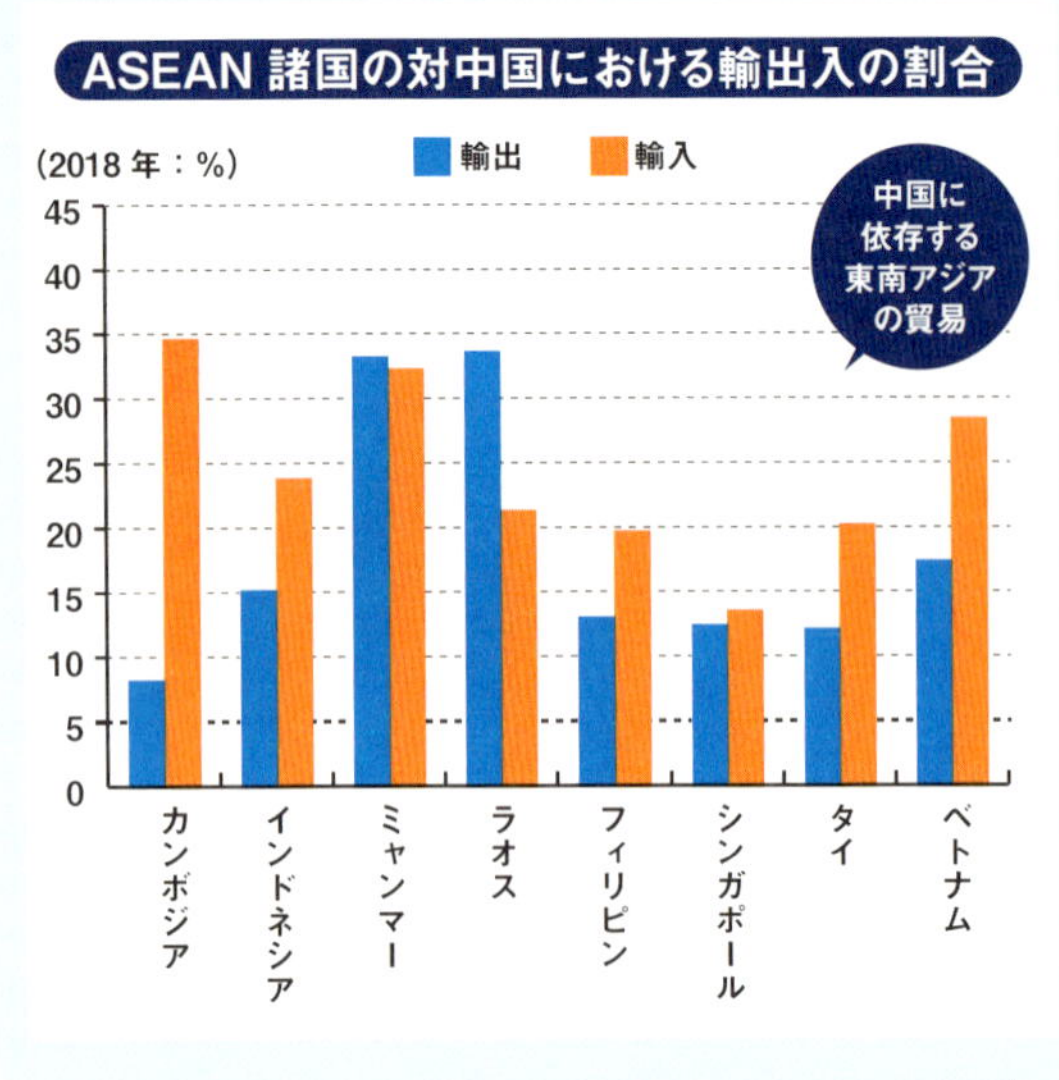

にあり、近年では南シナ海でのにらみ合いも激化。一方、〝対中国〟を掲げるアメリカとは経済面や安全保障面でも協力関係にあります。

ラオスとカンボジアは、中国の力を借り、敵対するベトナムをけん制。しかし、中国寄りのカンボジアですが、アメリカからの援助は受け続けています。

タイは、中国とは経済協力関係を深めつつも、アメリカとの同盟関係は維持するなど、「バランス外交」を昔からの基本姿勢としています。

東南アジア諸国と米中各国との関係

中国とASEAN諸国の関係性は、大まかに3つに分けられます。まず1つ目は、中国への経済依存が年々増している、中国寄りの国。カンボジア、ラオス、ミャンマーなどがこれにあたります。2つ目が、米中どちらとも仲の良いタイやブルネイなどです。3つ目が、中国による南沙諸島埋め立てにより反中意識が強まった、アメリカ寄りのベトナム、シンガポールです。マレーシアは米中両方と一定の距離を保っています。

東南アジア諸国と米中各国との関係

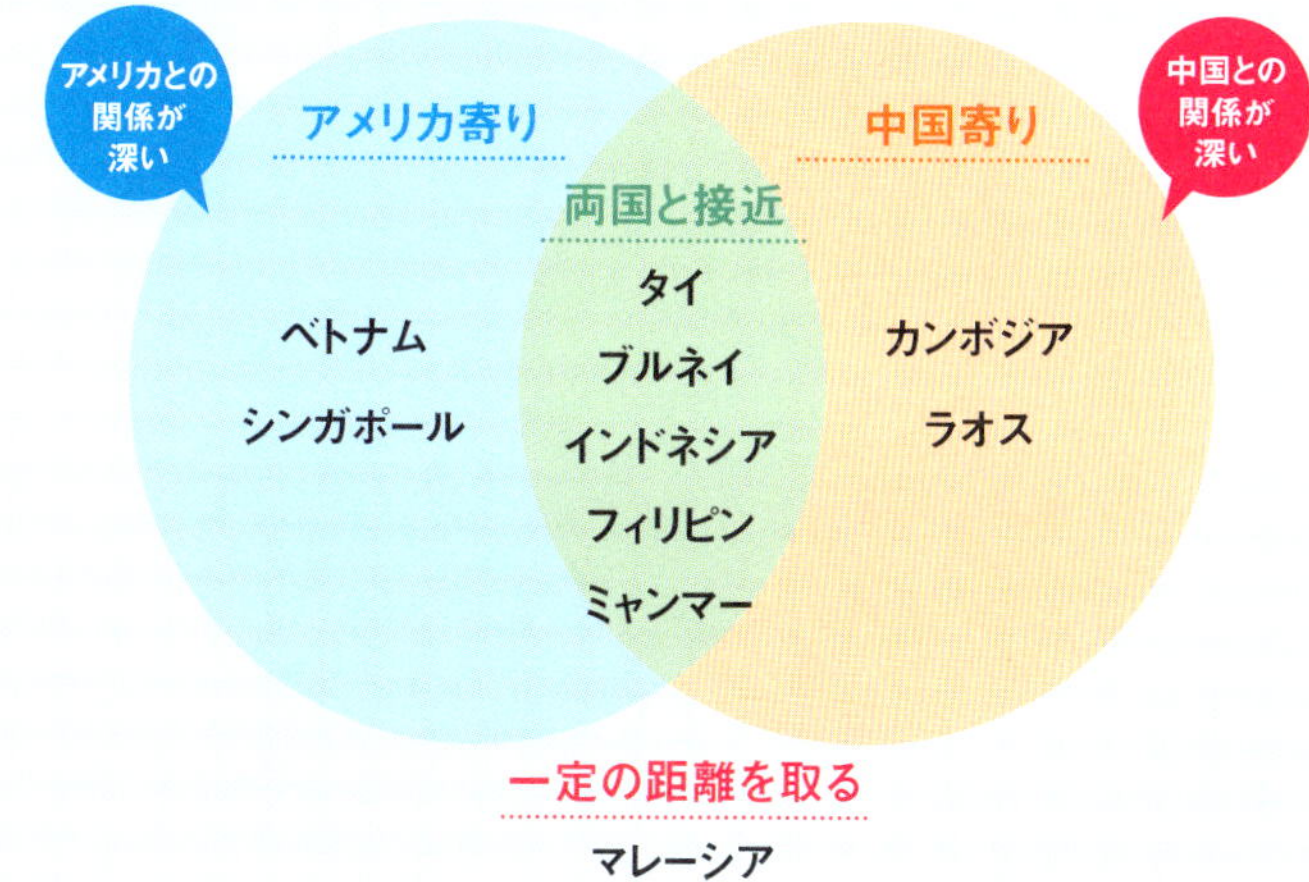

03
Question

アジア

小さな都市国家なのに

シンガポールが発展したのは地政学的な優位性のおかげ？

アジアでは
遠いエリアである
日本でも
飛行機で
6～7時間

解説

地の利を生かし世界有数の経済大国に

奄美大島くらいの国土面積にもかかわらず、一人当たりのGDPは日本を上回るシンガポール。急速な発展ができた要因には、地政学的な優位性にあります。

まず、マラッカ海峡至近の場所であること。シンガポール港には、マラッカ海峡を通る船が多く寄港し、港費収入も多く、ハブ港として栄えました。また、地理的にアジアの中心であり、各国へのアクセスが良いことも発展の理由です。それを生かしたのが初代首相・リー・クアンユーです。積極的に外資企業を誘致し、税制上の優遇措置を設けたり、通信や交通などのインフラを整備したりした結果、急成長し、アジアのビジネス拠点になったのです。

Answer

初代首相による施策で

「アジアの中心」「マラッカ海峡に至近」という利点を生かして発展

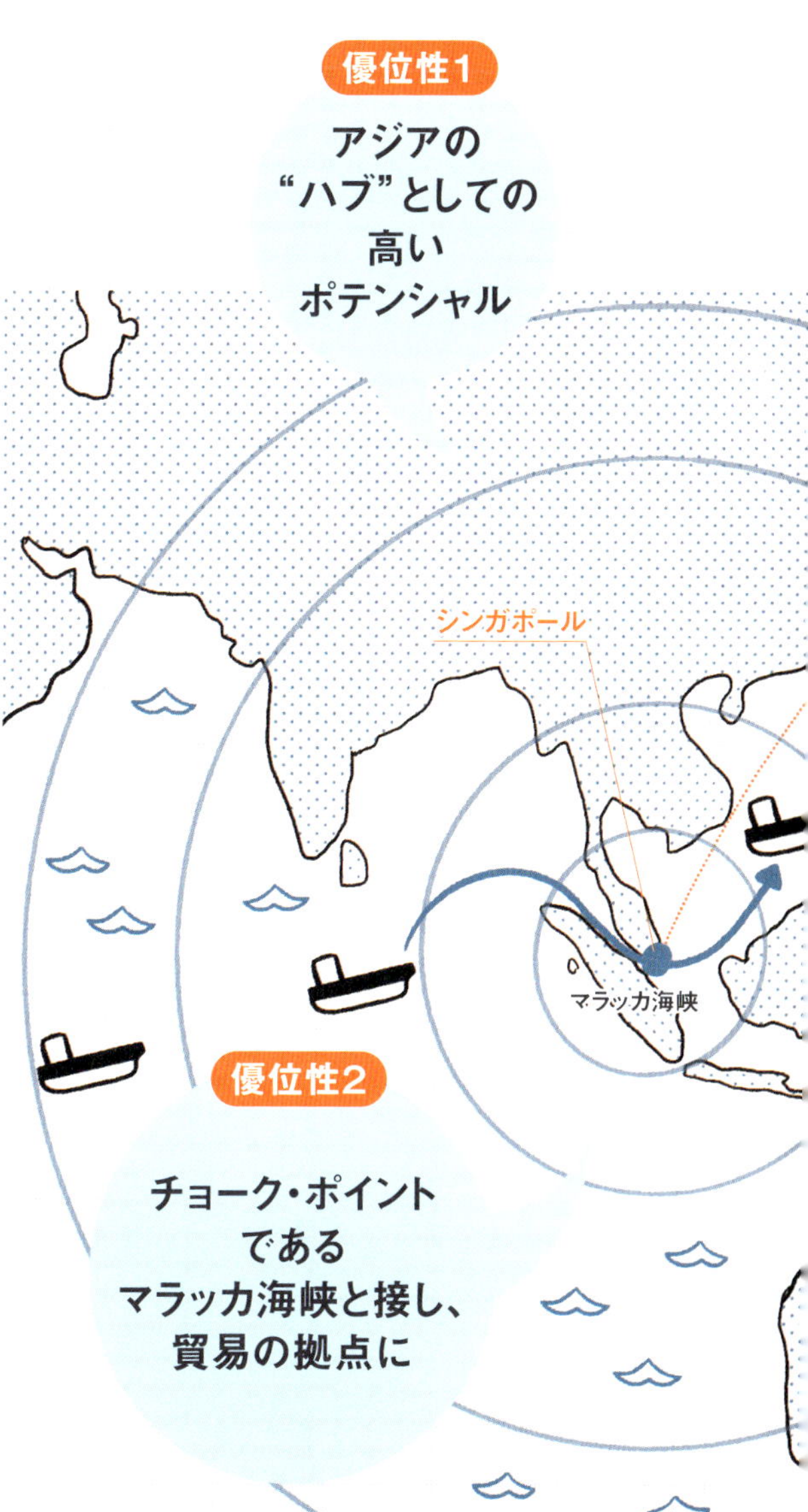
優位性1
アジアの
“ハブ”としての
高い
ポテンシャル
シンガポール
マラッカ海峡
優位性2
チョーク・ポイント
である
マラッカ海峡と接し、
貿易の拠点に

の特徴

多くの人が中東の混沌とした状況は知っているでしょう。混沌の原因はどこにあるのでしょうか?

I 地理

古くは貿易の中継地、近年は石油の産出地として常に世界の要所

古い時代

ヨーロッパとアジアの貿易の中継地として発達。

現代

主要なエネルギー資源である石油を世界中に輸出。

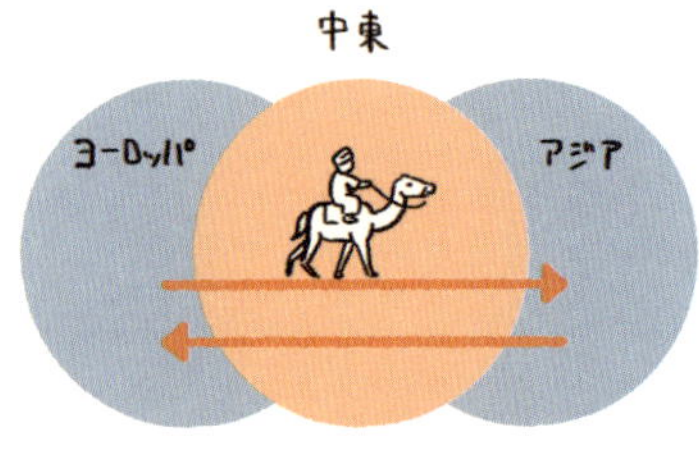

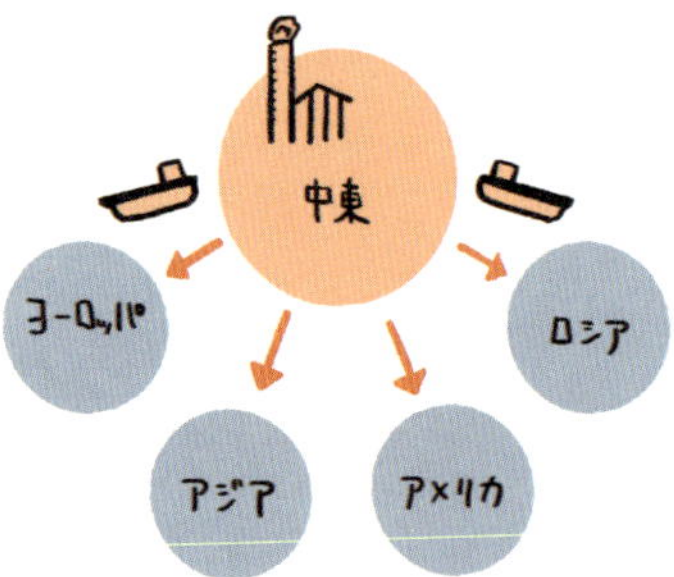

II 歴史

オスマン帝国の時代は平和だったが……世界でもっとも混迷をきわめるエリアに

①強大な帝国から英仏露の支配下へ

東欧から北アフリカ、中東を支配したオスマン帝国が滅び、西欧の植民地に。

②各地に独裁的な指導者が誕生

第二次世界大戦後、植民地から独立し、各地でフセインなどの独裁者が乱立。

③独裁的な指導者が倒れ、民主化運動が進む

ソ連崩壊・湾岸戦争を経て、独裁政権が倒され、「アラブの春※」が起こる。

④政治的空白が発生し、さらに混迷

宗派対立や部族紛争が多発し、政府の力が及ばない空白が生まれ、ISも誕生。

※アラブの春：政権交代まで至ったアラブ諸国の民主化運動の総称

地政学で考える中東

衝突

中東が混迷する原因の１つは、英仏露が人工的に領土分割したサイクス・ピコ協定

オスマン帝国時代

オスマン帝国は安定した統治を行っており、対立はほとんどありませんでした。

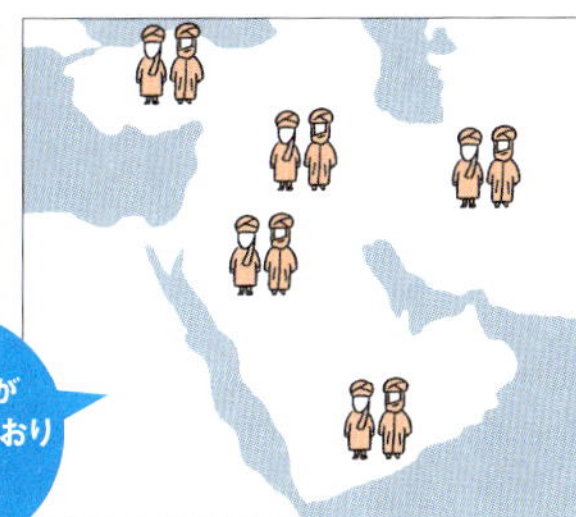

民族
イラン人・アラブ人・トルコ人・クルド人など

宗派

スンニ派（イスラム教）
経典を重視する。約９割の多数派で、貧困層が多い。

シーア派（イスラム教）
血統を重視する。約１割の少数派で、富裕層が多い。

第一次世界大戦後

西欧諸国が進出し、当時の秩序を破壊する統治を始めます。

勝手に
分割され、
混乱!

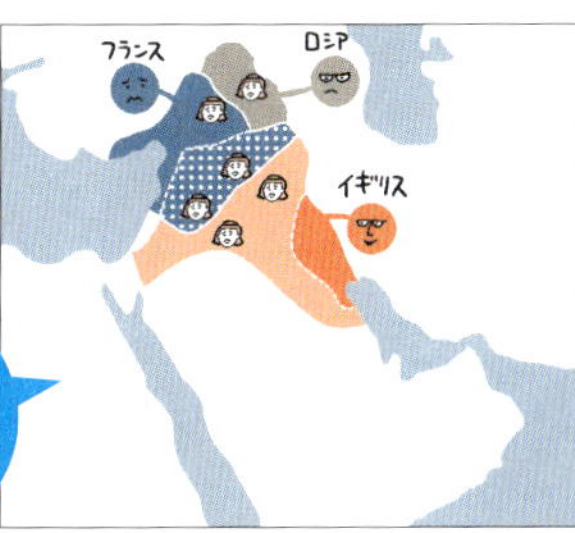

サイクス・ピコ協定
英仏露による、それまでの分布を無視した分割が以降の混乱の引き金に。

サイクス・ピコ協定の影響

中東のいくつかの国で、以下のことが発生。

- 宗教や民族的に統一感がなく、**国への帰属意識や、国を立て直す意識が低い**
- 長らく他国が統治する傀儡（かいらい）国家だったため自ら統治しづらく、**独裁的な指導者でないと国を治めにくい**

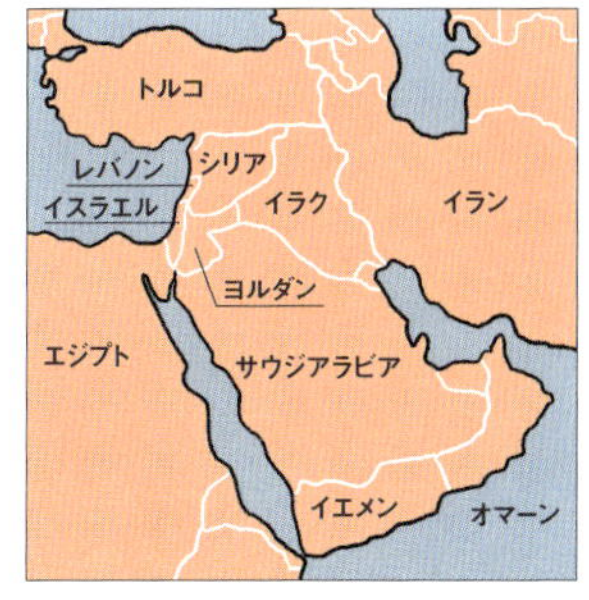

解説

中東がここまで混迷するきっかけは、ある密約

古くは貿易の中継地、近年は石油の産出地として、常に世界的な要所である中東。衝突が頻発する現代とは異なり、オスマン帝国の時代は、信仰・言語の自由を認める安定した統治のおかげで平和でした。

混乱のきっかけの1つは、1916年に**英仏露でオスマン帝国の分割方法を決めたサイクス・ピコ協定**。この協定により、中東は人工的な国

イギリスにはサイクス・ピコ協定以外にも矛盾する2つの密約があった

イギリスは、「サイクス・ピコ協定」と同時期に、矛盾する2つの密約も結んでいます。1つが「バルフォア宣言」。ユダヤ人から戦費提供を受ける代わりにパレスチナにユダヤ人国家を認めるというもの。もう1つが「フセイン・マクマホン協定」で、アラブ人がオスマン帝国に反乱すれば、アラブ人国家建設を約束するという密約です。

まずは大まかに理解しよう①
中東各国の民族や宗派などの特徴

	イラン	サウジアラビア	トルコ	シリア	イスラエル
主な民族	ペルシャ人	アラブ人	トルコ人（クルド人※）	アラブ人（クルド人※）	ユダヤ人（アラブ人※）
主な宗派	シーア派	スンニ派（より厳格なワッハーブ派）	スンニ派	シーア派（支配層。多数はスンニ派）	ユダヤ教、イスラム教、キリスト教
核の保有	将来的に○	イランが持つなら○	将来的に○	おそらく×	おそらく○
アメリカとの関係	反米	親米	親米→反米?	反米	親米

※国内にいるほかの民族

境線で分割され、3国の植民地になりました。分断により混乱したのはもちろん、植民地から独立したあとも、**「宗教・民族的なまとまりがないため国という感覚が薄い」**「独裁者でないと統治しにくい」など、長期化する中東諸国の混乱の一因になっているのです。

現在、中東は、宗教・民族の対立を背景にした国家間の争いに加え、石油に関係する大国の利害、さらに核開発の問題も絡み、まさに**カオスといえる状態**が続いています。

まずは大まかに理解しよう②
注目すべき中東の国々の関係

現在、中東で注目すべき国は、シリア・イラン・サウジアラビア・イスラエル・トルコの５カ国。地政学的にはアメリカのシーパワー勢力がイスラエルとサウジアラビアで、シリアは国内でいくつもの派閥に分かれて対立中、トルコはシーパワー側から少しずつ離れる動きがあります。イランはアメリカや EU などのシーパワーと対立しています。さらに、2021 年のタリバンによるアフガニスタンの掌握と混乱しています。

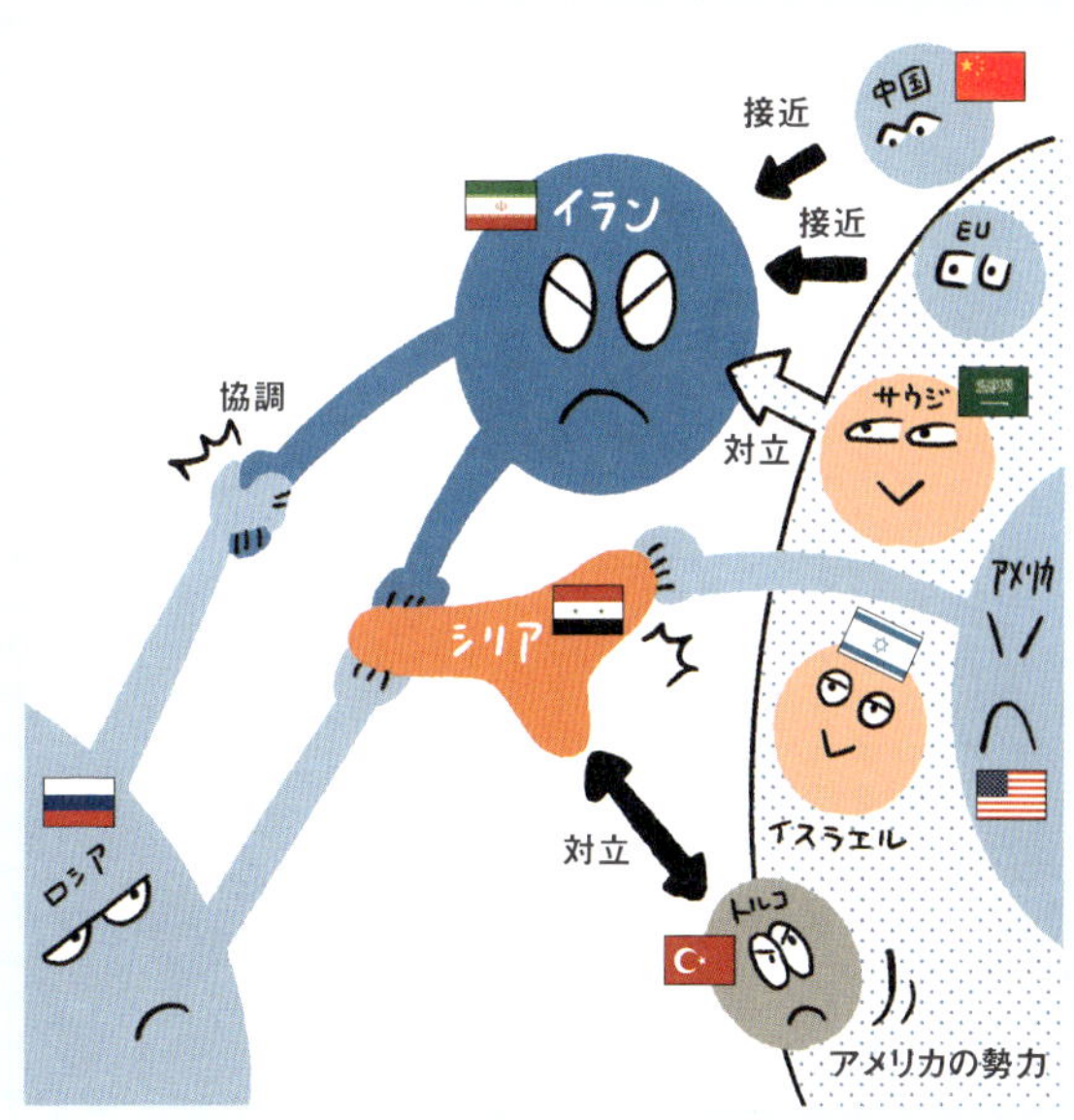

中東

ISは崩壊したのに
混乱の増すシリア内戦……
なぜこんなに衝突が続く？

ISの誕生

イラクで誕生したISが、シリアの反政府組織に合流

シーア派とアメリカへ不満を持つISが、シリアへ移動してシリアの反政府組織に合流。アサド政権と衝突した。

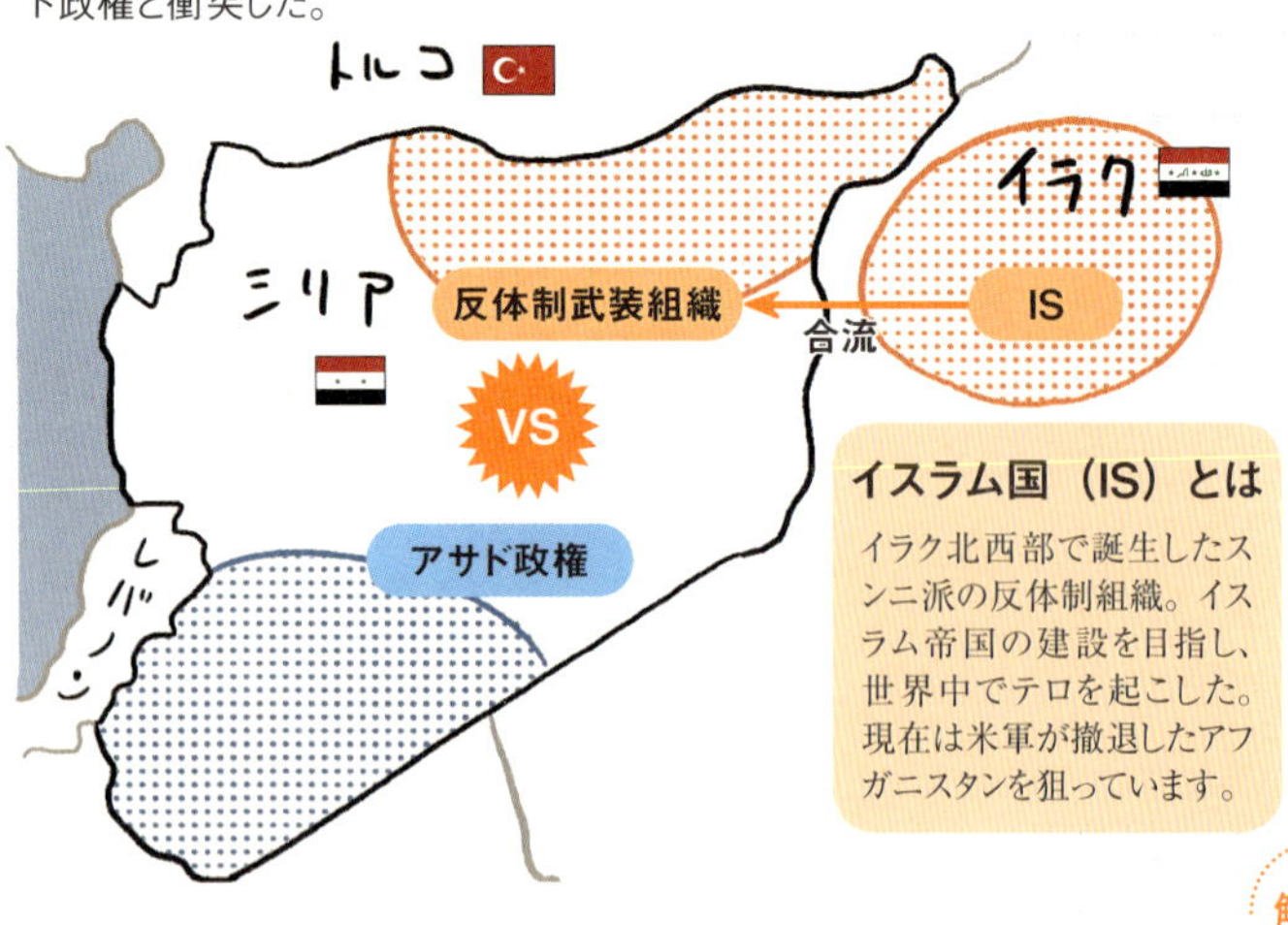

イスラム国（IS）とは

イラク北西部で誕生したスンニ派の反体制組織。イスラム帝国の建設を目指し、世界中でテロを起こした。現在は米軍が撤退したアフガニスタンを狙っています。

解説

世界中の国を巻き込むシリア内戦

２０１０年代初頭から続くシリア内戦。イスラム国（ＩＳ）崩壊後も争いが続く現在の様子を見てみましょう。

もともとシリア国内では、シーア派の独裁体制であるアサド政権と、国民の多数を占めるスンニ派の反体制武装組織が対立していました。そこへ、シーア派やアメリカへの不満を募らせ、イラクで生まれたスンニ派のＩＳが合流し、「アサド政権」

Answer

露支援の独裁政権VS欧米支援の反体制組織に。

宗教問題や民族問題が重なり、状況は複雑化

ISの台頭　アサド政権 vs 反体制＋ISの対立に諸外国が介入

アメリカは反政府組織を支援し、ロシアとイランはアサド政権を支援した。ISは世界中から攻撃を受けた。

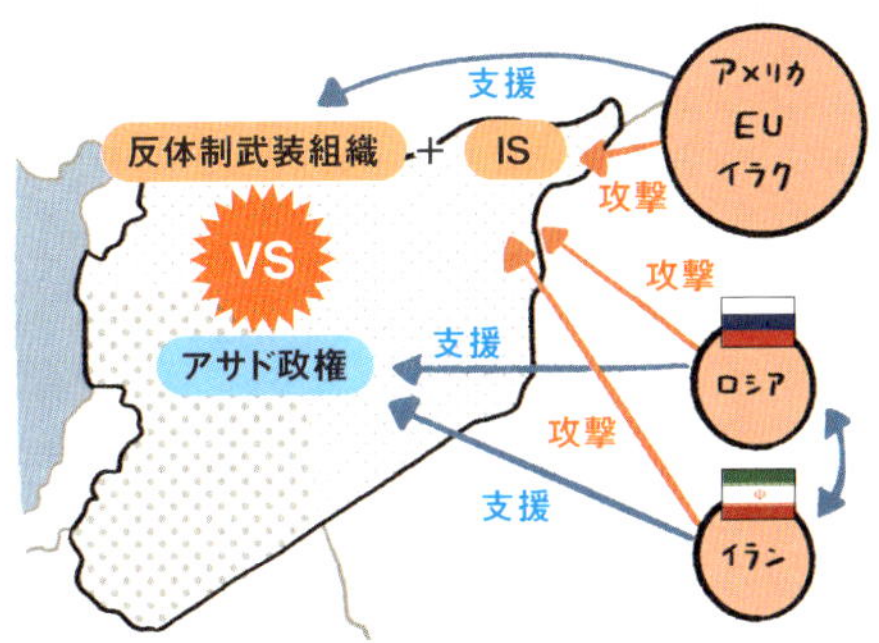

IS崩壊後　アサド政権 vs 反体制 vs クルド人という三つ巴に、トルコが介入

ISがいなくなると、今度は現地にいたクルド人が台頭。シリア北部では反政府組織＋トルコ派が優勢に。

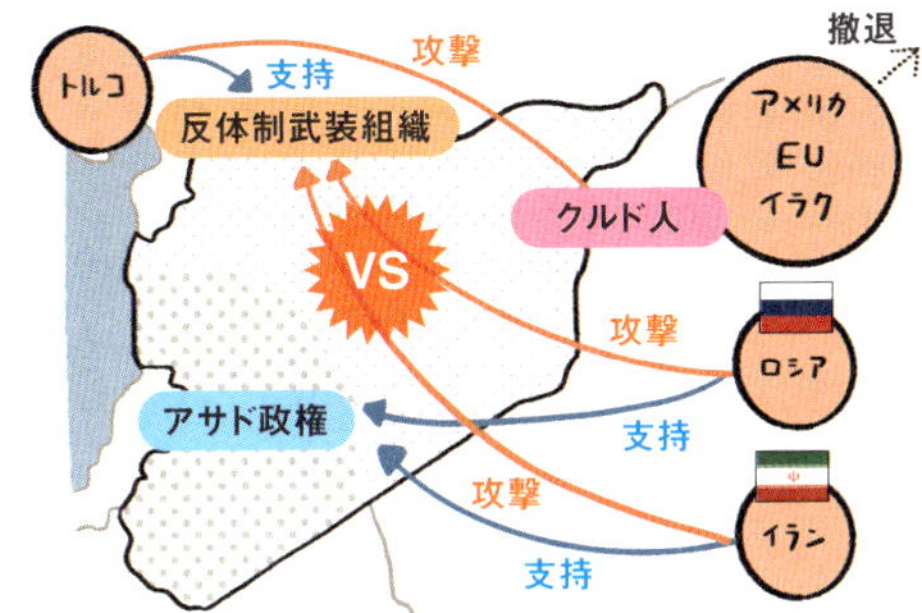

対「反体制組織＋ＩＳ」という構図になりました。世界中でテロを起こし、勢力を拡大したＩＳですが、米軍を中心とする部隊に空爆を受け、２０１７年10月にはＩＳが首都と称していたラッカが陥落し、崩壊したようです。その後、同地で勢力を得たのが、「国家を持たない世界最大の民族」といわれ、独立を目指すクルド人です。現在は、アメリカやロシア、イランからの支援を受け、アサド政権と反体制組織とクルド人が三つ巴の争いを展開しています。

最近、さらに関係が悪化。そもそもイランとアメリカはどうして対立するの?

石油利権を求めるアメリカの支援でイランに独裁政権が成立

→ 民衆がイラン革命を起こし、独裁政権を打倒。アメリカの影響力が低下

以後、反米国家に!

→ アメリカの関与がなくなったイランにイラクが侵攻。アメリカはイラクを支援

さらに反米に!

→ イラクと同時に、旧ソ連も南下政策でアフガニスタンへ侵攻

ソ連崩壊の一因に!

旧ソ連への対抗のため、米支援のもとで発展したのが、のちのタリバンにつながるムジャヒディーン

→ ブッシュ(息子)
イランを悪の枢軸(すうじく)として核開発を非難し、経済制裁開始

解説

現在の中東での主要な争いはイランVSアメリカ

現在もペルシャ人という意識の人が多かったり、イスラム教では少数派のシーア派が国内では多数派であったりと不思議なことが多いイラン。アメリカとの対立の歴史を見てみましょう。

イランの反米のきっかけは1979年のイラン革命。市場開放と民主化を実現するため、独裁政権とは対立することが多いアメリカですが、イランでは石油利権を求

Answer

イラン革命以降続く反米の流れは
トランプの核合意離脱により、さらに高まっている

〈イランの核開発をめぐる大国の動き〉

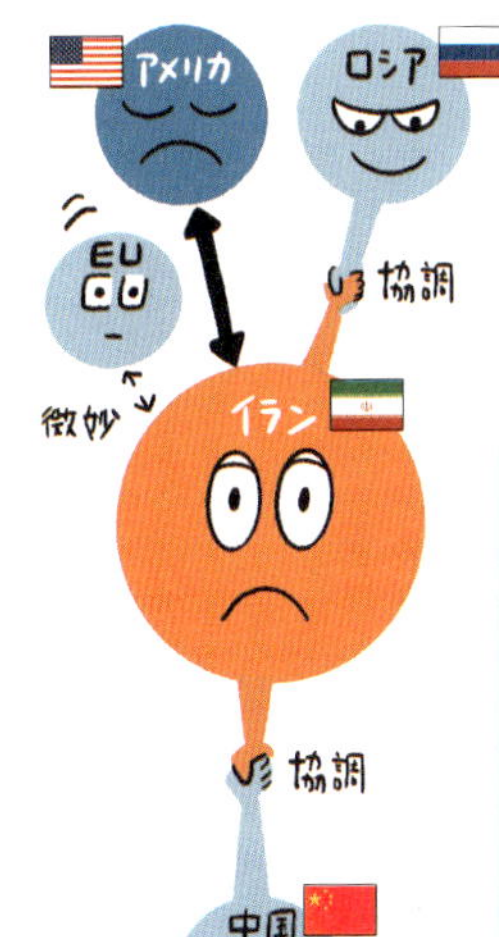

イランはアメリカと対立し、中東での影響力拡大を目指す中国とは協力関係。EUは核合意を批准しているため、核開発ではイランと対立していない。

オバマ
IS打倒で利害一致。核開発を一部認め（核合意）、経済制裁解除

トランプ
核合意には欠陥があるとして離脱を宣言。再び経済制裁を開始

バイデン
基本的にトランプの主張を引き継ぎ、離脱したまま

反米感情が高まる！

めて独裁政権を支援。そのため、イラン革命で独裁政権が倒されると、反米の意識が高まったのです。その後、ブッシュ大統領は、イランの核開発を非難し、経済制裁を発動しましたが、反米のイランは核開発を続行。オバマ大統領は制裁を緩めましたが、トランプ大統領になると、再び核開発を非難し、経済制裁を強め、イランとの関係も悪化しています。バイデン大統領は、トランプ大統領の主張を引き継ぎ、核合意から離脱したままの状態です。

06 Question

中東

意外と国土の広い中東の大国
サウジアラビアとトルコは米露とどんな関係？

親米 石油開発時からアメリカとは協力体制

アラビア諸国では珍しく、国民にも反米感情は少ない。石油開発時から中東最大の親米国家。

サウジアラビア

アラビア半島の広範囲を領土とする親米国家。イスラム教の聖地であるメッカとメディナがある。

反イラン シーア派かつ隣国で影響を受けやすいイランと対立

シーア派とスンニ派という宗派の対立に加え、地理的にイランからの圧力を受けやすい。

親露 資源輸出国として、ロシアと仲良くしたい

サウジアラビアとしては、ロシアと協力し、石油の価格を安定させたい。

解説

中東の大国とされるサウジアラビアとトルコの現状

P131の地図を見ると、中東ではかなり国土の広いサウジアラビアとトルコ。サウジアラビアは、「サウード家のアラビア」という意味の国名通り、サウード王家が国を治める国です。石油が発見された当時から、アメリカと共同で開発をしており、それ以来の親米国家です。同時に、同じ産油国としてロシアとも経済関係を深めています。

一方、ペルシャ湾を挟んだ

トルコ

国民の99%がイスラム教徒だが、ヨーロッパとの関係が深く、中東唯一のNATO加盟国。

Answer

揺れ動く中東の2大国

サウジは親米反イラン＋親露。トルコは親米から親露へ⁉

シリア内戦前

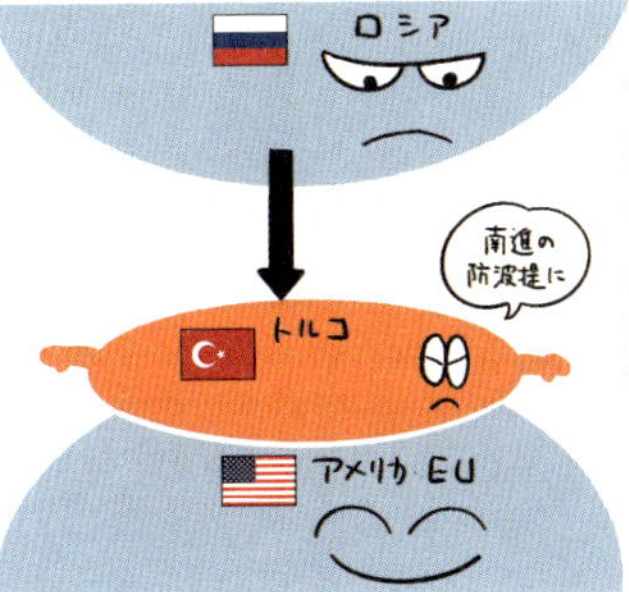

シーパワー勢力にとって、南進するロシアの防波堤

地理的にロシアの南進を防ぐ要所にあり、シーパワー勢力の一員だった。

シリア内戦後

クルド人問題により、ランドパワー勢力に⁉

クルド人支援をきっかけに、アメリカとの関係が悪化し、ロシアと協力関係に。

隣国であり、シーア派のイランとは、激しく対立。2016年には国交を断絶しています。

トルコは、本来、ロシアの南進を防ぐ役割を担う、シーパワー勢力の一員です。しかし、シリア内戦で、アメリカがIS掃討のためにクルド人を支援したことで、トルコとアメリカの関係は悪化。支援の影響でトルコ国内のクルド人も勢力拡大の可能性があるためです。現在、トルコはロシアと食料やエネルギーの分野で関係を深めています。

中東

イスラエル？ パレスチナ？ エルサレム？

宗教も絡んでよくわからない問題を**歴史から整理**して！

①世界に散らばる**ユダヤ人が パレスチナに移住**し、現地のアラブ人と対立

②第二次世界大戦後、国連がユダヤ人国家の**イスラエル**と、アラブ人国家の**パレスチナに分割**

エルサレムとは

ユダヤ教、キリスト教、イスラム教の聖地である都市。イスラム教にとっては第３の聖地とされている。

解説

いつまでも争いが続くイスラエルの紛争

イスラエルで続く紛争の経緯を振り返ってみましょう。

第一次世界大戦後、バルフォア宣言（Ｐ132）の影響もあり、世界に散らばるユダヤ人は独立国家を建設するため、パレスチナに移住。すると、長年現地に住んでいたパレスチナ人（アラブ人）と対立します。これが紛争の大きなきっかけの1つです。また、ユダヤ人が信仰するユダヤ教と、パレス

Answer

エルサレムをめぐる対立も理由の1つだが 要はユダヤ人のイスラエルと アラブ人のパレスチナの争い

③双方納得せず、「アメリカが支援するイスラエル」と「アラブ諸国が支援するパレスチナ」で**4度の中東戦争**

④両者が「二国共存」を認める。**パレスチナ暫定自治協定を結ぶ**

⑤協定に反対する過激派組織による**テロが頻発し、和平交渉は頓挫**

現在の問題

イスラエルにとっては、武装組織ハマスや過激派組織ヒズボラなどが現在の主な脅威。

チナ人が信仰するイスラム教は、互いにエルサレムという都市が聖地であり、この場所の領有をめぐる争いも、紛争を大きくする原因になりました。

1947年に国連が「イスラエル（ユダヤ人国家）とパレスチナ（アラブ人国家）」に分割しますが双方反発。アメリカ支援のイスラエルと、アラブ諸国支援のパレスチナで中東戦争が勃発します。その後、二国共存を認めるパレスチナ暫定自治協定が結ばれますが、再び抵抗運動が展開され、争いが続いています。

小国の集まりながらも、歴史的に世界の覇権を握った国が多いヨーロッパ。その特徴とは?

I 歴史

ヨーロッパは大きな半島。揺れ動きが激しく、安定しづらいという特徴が

解説

大国同士のせめぎ合いの影響を受け続ける

地政学的に、ヨーロッパはユーラシア大陸の西に位置する「半島」です。海洋に進出しやすい反面、陸続きのロシアからの脅威に常にさらされ、またヨーロッパの南にはイスラム諸国が控えています。つまり、東のロシアと南のイスラム、2つの勢力とせめぎ合いを続けてきたのがヨーロッパの歴史なのです。

第二次大戦後はさらにアメリカが介入。アメリカとソ連の冷戦が始まると、ヨーロッパの東側はソ連陣営に、西側はアメリカ陣営に組み込まれます。ヨーロッパは東西対立の最前線になるなど、常に不安定な状態にありました。

地政学で考えるヨーロッパ

同盟

ヨーロッパ諸国が締結しているのが 政治経済の「EU」と軍事の「NATO」

第二次世界大戦後、世界の強大な勢力に小国の多いヨーロッパが対抗するため、「EU」や「NATO」がつくられました。

EU

ヨーロッパ諸国で政治や経済の協力をする統合体

加盟国で人やモノ、サービス、資本の自由な移動や通貨の統一などの取り決めをしている。

NATO

ロシアに対抗するアメリカが盟主の軍事同盟

主に旧ソ連、現在はロシアのヨーロッパ進出に対抗するための軍事的な同盟。

EUのみ

- アイルランド
- キプロス
- マルタ
- フィンランド
- スウェーデン
- オーストリア

EUとNATO

- ベルギー
- ブルガリア
- チェコ
- デンマーク
- ドイツ
- エストニア
- ギリシャ
- スペイン
- フランス
- クロアチア
- イタリア
- ラトビア
- リトアニア
- ルクセンブルク
- ハンガリー
- オランダ
- ポーランド
- ポルトガル
- ルーマニア
- スロベニア
- スロバキア

NATOのみ

- アイスランド
- アメリカ
- イギリス
- カナダ
- ノルウエー
- トルコ
- アルバニア
- モンテネグロ
- 北マケドニア

08
Question
ヨーロッパ

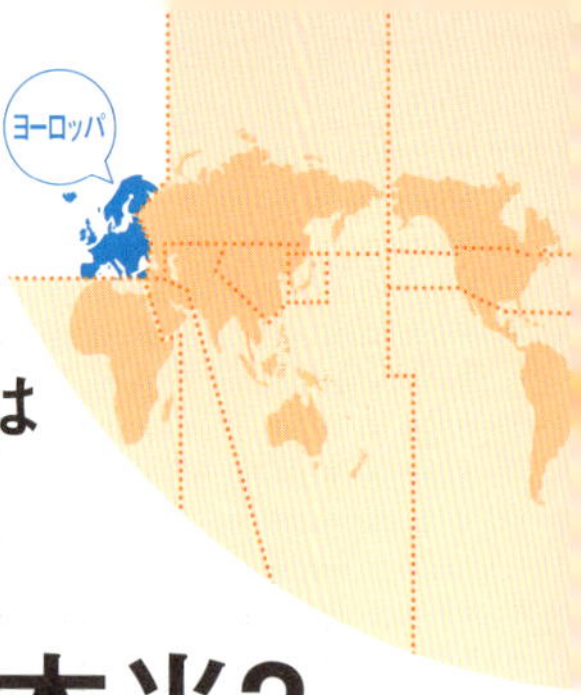

EU離脱も地政学的には イギリスの 伝統的な戦略って本当?

イギリスの伝統的な外交戦略

きみはコッチ
きみはココを攻撃

ユーラシア大陸から距離を取ってコントロールする

イギリスの戦略

イギリスはオフショア・バランサーなどと呼ばれ、強国が出現した際、周囲の国を支援して争わせることで大陸内の勢力を均衡させてきました。

イギリスのEU離脱

イギリスは、大陸と離れて安全を保っていたため、EUとして大陸諸国とまとまっているのは不安がある。

EUとして大陸側と1つになるのはイギリスにとって不安

イギリスは、ユーラシア大陸側がまとまって対抗すると困るため、大陸から距離を取って遠方からコントロールしたいという意識があります。

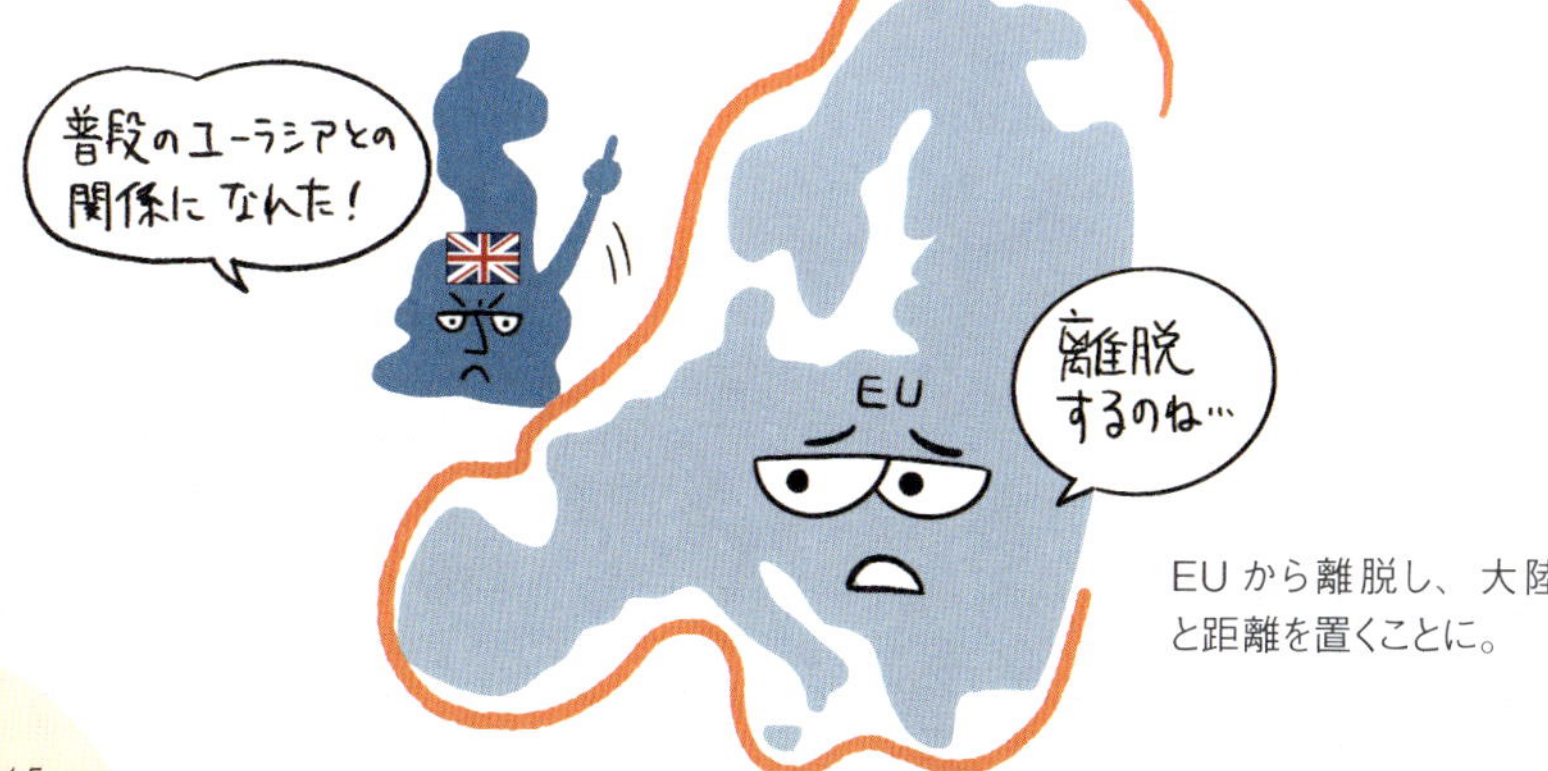

EUから離脱し、大陸と距離を置くことに。

08

Answer

世界を制覇した時代から続く

ユーラシア大陸と一定の距離を保つのがイギリスの伝統的な戦略

解説

潜在的に持っている大陸側への恐怖心

島国であるイギリスは、ユーラシア大陸とドーバー海峡でへだてられているため、ヨーロッパで起きた大規模な戦争に巻き込まれなかった歴史があります。この地の利を生かしてイギリスは、シーパワー国家として海外に

ほぼすべての国を支援し ヨーロッパ大陸を分断させてきた

1600年頃に東インド会社を設立し、アジア進出を皮切りに世界中に植民地の拡大を進めたイギリス。その後、北米大陸の13植民地の成立などにより18世紀後半には「第一帝国」が完成しました。アメリカの独立などによって第一帝国は崩壊するものの、エジプトの保護国化、中東やアフガニスタン、ビルマでの勢力拡大、中国分割への参加などを行い、19世紀後半には「第二帝国」が成立。最盛期には世界の4分の1を支配するまでになりました。

進出し、世界を制覇。ヨーロッパに対しては争いを続けさせ、強国が台頭したときには攻撃するという戦略でした。このユーラシア大陸と一定の距離を保つのがイギリスの伝統的な姿勢なのです。

しかし、第二次大戦後は旧ソ連の台頭に加え、失った植民地に代わる市場を必要としたことでEUに加盟しました。

ところが、この伝統的な戦略を重視する反対派が多く、それが再び**ヨーロッパと距離を置くEU脱退という選択**に至ったのです。

英国民のなかにある エリートと非エリートの戦い

イギリスでは、都市部ではたらくエリート層と、それ以外の一般の庶民の間に根深い対立があります。EU 離脱の投票結果を見ても、EU 残留派はロンドン周辺やスコットランドと北アイルランドに多く、離脱派は都会以外に多いといったように、エリートと一般の庶民のせめぎ合いが現れています。

移民が多くて仕事がない！
エリートにはわからないわ
"いつものイギリス"に戻るべきよ
まあそういわないで…
国家として考えると
マイナスなことも多いから
離脱派
対立
残留派
一般の庶民
エリート

EU に参加したことで、移民などの外国人労働者が増え、仕事を奪われたという意識があり、EU の離脱を支持。

労働者の増加に影響の少ないエリート層の多くは、グローバル化が進んだ現代は他国との関係が重要と考え、残留を支持。

地政学的に不利なはずなのに 現在、ドイツが優勢なのはEUのおかげ?

解説

ユーロ安により ドイツ経済は 右肩上がりに

ヨーロッパの中央に位置するドイツは、大国のロシアや、フランス、イギリスなどのヨーロッパ内の大国に囲まれています。そのため古くから、周辺国に侵略を受けていました。一方で周辺国にとっては、第一次世界大戦や第二次世界大戦を引き起こしたドイツは、脅威の存在でもありました。そのため、戦争が終わる度に領土を分断させられてきた歴史があります。

Answer

あまり知られていないが

統一通貨のユーロがドイツの経済を発展させた

旧ソ連が崩壊し冷戦が終結すると、東西ドイツは再統一。実は、ドイツが再び強大な帝国になることへの不安が、ヨーロッパ諸国によるEU発足の理由の1つといわれています。

しかし、EU内の他国の経済が低迷しユーロ安になると、高品質な商品を製造するドイツにとっては、それが追い風となり、輸出が増加。ドイツをおさえこもうとしたEUが、結果的にドイツの経済を後押ししたという見方もできるのです。

10 Question

自由・平等・博愛の国なのに フランスではなぜあんなにテロが発生したの？

難民→旧植民地→フランス本土というルートをたどるケースも

インド洋のフランス領・マヨット島に流れ込んだ難民が、一定条件を満たし仏国籍を得てから、本土に渡るというルートも。

解説

移民2世によるテロが大きな社会問題に

フランスでは、2015年頃、全土でテロが多発しました。その実行犯のなかには、移民の2世や3世、つまりはフランスで生まれ育った人が多く含まれているといわれています。

フランスは地政学的にシーパワーとランドパワー両方の特徴を持つ珍しい国です。かつてはシーパワーとして海洋に進出し、カナダやアフリカ、東南アジアにまで植民地を拡

Answer

植民地からの移民が現在のテロ問題の火種に

シーパワーとして得た

アルジェリア、モロッコ、チュニジアからの移民が多数

戦後、人口の減少が問題となっていたフランスは、労働力として旧植民地からの移民を大量に受け入れてきました。

大するなど、世界に進出していました。そして、戦中や戦後には、戦力や労働力として、植民地からの移民を大量に受け入れてきました。

しかし、移民の子どもは、フランス国内でさまざまな差別を受けたり、自由な信仰をさまたげられたりする問題があり、大きな不満が蓄積していったのです。そんななかで過激派の思想に染まった若者が、テロを起こすという悲劇につながったとされています。

11 Question

「ユーロ危機」の原因になったギリシャを救ったのは地政学的な優位性？

解説

EUが金融支援をしたのはロシアけん制のため

２００９年に発覚したギリシャの財政赤字隠ぺいにより、ユーロの信用が揺らぎ、ユーロ危機が起きました。EUは支援の見返りに緊縮財政案を提示しましたが、ギリシャは拒否。にもかかわらず、EUは支援を実行しました。「どうしてEUは小国のギリシャを切り捨てないのか」と疑問に思うでしょう。

これにはギリシャの地政学的な重要性が影響しています。地中海に突き出たギリシャは中東、アジア、アフリカなどの複数の地域をつなぐ場所にあり、かつ黒海から地中海へ抜けるルートの要所。南に港を求めるロシアとしてはぜひともおさえたい場所であり、逆にヨーロッパ諸国には対ロシアの防波堤となります。EUは、ギリシャがロシアに寝返ることへの恐怖から救済したのです。

Answer

地中海に突き出る地政学的特性から

ロシアの進出を防ぐためにもEUはギリシャを見捨てられない

ヨーロッパにとってギリシャは中東やロシア、アフリカなどをつなぐ要所

地中海の東端に位置するギリシャ。複数の勢力が自陣に取り込もうとするため、さまざまな支援を受けることができるのです。

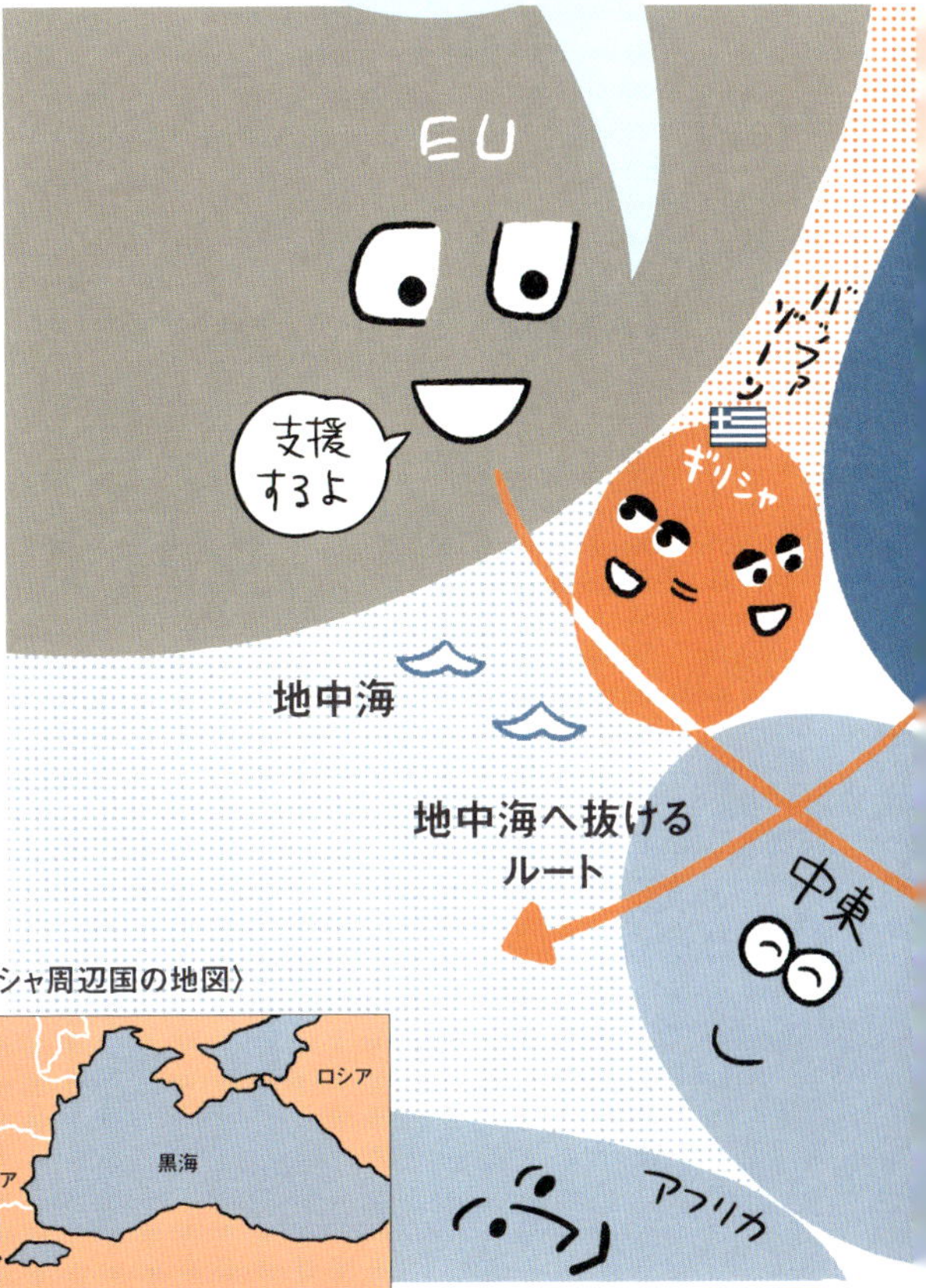

〈ギリシャ周辺国の地図〉

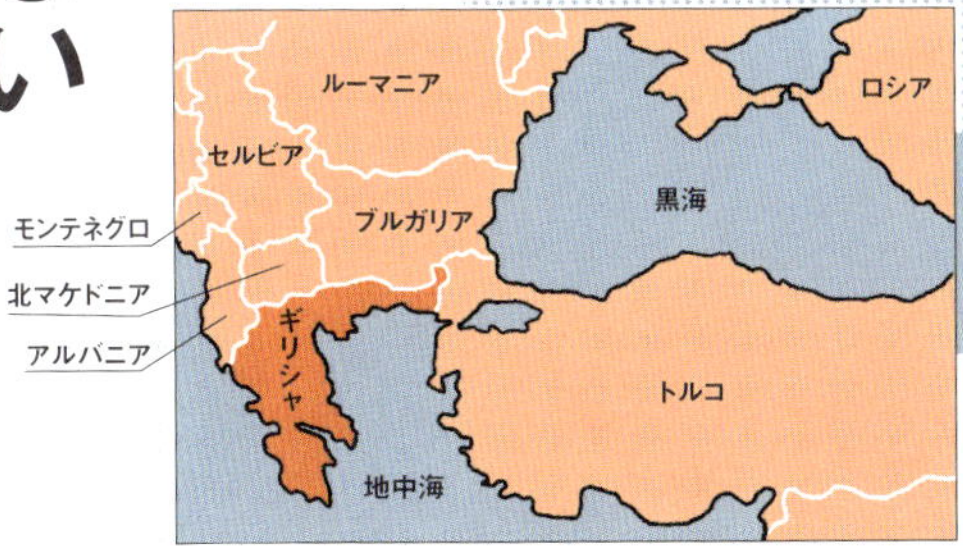

これまでの秩序が一新され、新しい世界になる可能性を秘めた米中による新冷戦のカタチとは

2018年にはアメリカによる新冷戦の開戦宣言がなされた

飛躍的な経済成長をとげ、世界2位の国力を持つまでになった中国。中国共産党の一党独裁体制で国内を統治し、ITの技術を使って13億人の国民を監視する社会システムを実現しつつあります。国外に向けては、一帯一路構想（P108）や、中国が主導して発足させた、アジア諸国でのインフラ開発の金融支援を行うアジアインフラ投資銀行（AIIB）などにより、世界でのプレゼンスを高めています。

中国が目指しているのは、習近平の言葉によると「中華帝国の偉大なる復興」。**アメリカの支配する世界の貿易体制や自由・民主主義社会を壊し、中国共産党が管理する、世界の新しい秩序をつくりあげようとしている**のです。

一方、現在の覇権国であるアメリカも中国との対立を明確にしています。それがわかるのが2018年10月、ペンス副大統領が行った演説です。その内容は、「習近平は南シナ海を軍事化しないと発言したが、実際には人工島にミサイルを配備している」「中国国内ではキリスト教や仏教徒、イスラム教徒が迫害を受けている」といった安全保障や人権などにおける中国への批判です。さらには、「中国は政治や経済、軍事的手段、プロパガンダを通じてアメリカに影響力を行使している」と、アメリカの立場を脅かす動きにも言及し、最後には「(トランプ)大統領は引き下がらない、米国民は惑わされない」と対抗の意思をはっきりと示したのです。この演説は、**アメリカの中国との新冷戦の開戦宣言**ともとられています。

大国同士の戦いは、直接対峙するのではなく別の場所で局地戦が

では、新冷戦は、軍事的にどのような展開になるのでしょうか？　アメリカ、中国とも核保有国ですから、核戦争が起こるのかと思うかもしれません。しかし、どちらかが核ミサイルを使えば、当然、核ミサイルで反撃を受けることになりま

す。そうなると、国自体、悪くすれば地球自体が滅亡する可能性があるため核戦争にはなり得ません。

どのような形態の戦争になるかを考えると、かつてのアメリカと旧ソ連の冷戦がヒントになります。大国同士の戦いは、朝鮮戦争やベトナム戦争、アフガニスタン侵攻などのように、**国同士の代理戦争、もしくはある国のなかで、アメリカと中国が支援する2つの派閥が争う内戦が引き起こされる**のです。つまり、中国とアメリカが直接的に対峙する可能性は高くないですが、両国とは直接、関係のない場所で、局地戦を展開することになるでしょう。

もうひとつ、かつての冷戦から、アメリカの動向として予測できるのが、「コスト・インポージング」という戦略です。これは、かつてアメリカのカーター大統領が始めたもので、**「相手国家が構造的にコストをかけざるを得ない部分のコストを増大させる」**というもの。具体的にいうと、旧ソ連の軍史や文化、予算などを分析し、旧ソ連は「攻め込まれることを非常に嫌がること」や「首脳部が、低空から侵入する兵器に脆弱と感じていること」などが判明します。そこで、アメリカは爆撃機のように低空から侵入する兵器をロシア周辺に配備。ロシアは攻め込まれないよう防空システムを増強しますが、国境線が非常に長いため防衛コストが増大し、財政的に窮地に追い込まれました。兵器を軍事的な存在ではなく、相手のコストを増大させるために使ったのです。これが「コスト・インポージング」で、アメリカは中国に対してもこの作戦を仕掛けると考えられています。

新冷戦によって、日本国内は親米派・親中派の分断が強まる

この新冷戦の日本への影響としては、国内はかつてのベトナム戦争の際のような状態になると考えられています。ベトナム戦争が起きた1960年代、国内の世論は、右翼左翼にわかれて大論争になり、学生運動なども大きく盛り上がりました。政治の世界でも社会党はソ連から、自民党はアメリカから資金援助を受けていたと言われています。地政学では大国の動向に大きく左右される小国の状態を「小国の悲劇」などと呼びますが、**新冷戦の影響で日本国内は親米派と親中派という国民の分断が強まる**でしょう。そして、親米派と親中派、どちらが優位性を持てるかが、将来的な日本の姿を決める別れ道になるのです。

おわりに conclusion

〝自分たちに都合のいい〟平和論に流されず広い視野で、世界をとらえる能力を養う

いかがだったでしょうか？　本書を通じ、「義理」や「人情」、「好意」などは一切なく、自らの「国益」のためだけに領土・権力争いを延々と続ける、殺伐とした世界の国々の姿が見えてきたと思います。

「なんだかいやなものの見方だな」と思ったあなた。それは、いわゆる〝普通〟の日常生活を送る日本人としては正常な感覚ですし、まったく間違いではないでしょう。

ところが、そのような感覚は、世界政治の冷酷な論理の前では、言葉を選ばずにいえば、邪魔にしかなりません。世界中の国家は、我々のような普通の日本人の感覚とは大きくかけ離れた、地政学的な戦略に基づいた「世界観」を持って動いているからです。

私は、多くの日本人と同じように、世界平和を求める人間の1人です。しかし、これまで自分なりに地政学の研究を続けてきた結果、少なくとも当分の間は、世界平和を実現するのは難しいのではないかという考えにいたりました。というのも、「どのような状態が世界平和なのか」という世界観は、国や人、民族、宗教などによって大きく異なるからです。人々が、〝自分たちに都合のいい平和〟を求めるからこそ、絶えず争いが起こり、平和を求めること自体が、争いのタネにすらなっています。

今後、ますます混迷を深める冷酷な国際社会をひも解き、状況を冷静に分析するための有力なツールこそが、本書の「地政学」なのです。これを身につけることで、〝自分たちに都合のいい〟安易な理想論や平和論に流されず、広い視野で、論理的に、背景にある思惑をも含め、世界そのものをとらえる能力を養う一助になれば幸いです。

奥山真司

奥山真司（おくやま・まさし）

1972 年横浜市生まれ。地政学・戦略学者。戦略学 Ph.D.(Strategic Studies)。国際地政学研究所上席研究員。戦略研究学会編集委員。日本クラウゼヴィッツ学会理事。
カナダ・ブリティッシュ・コロンビア大学 (BA) 卒業後、英国レディング大学院で、戦略学の第一人者コリン・グレイ博士 (レーガン政権の核戦略アドバイザー) に師事。地政学者の旗手として期待されており、ブログ「地政学を英国で学んだ」は、国内外を問わず多くの専門家からも注目され、最新の国家戦略論を紹介している。
現在、防衛省の幹部学校で地政学や戦略論を教えている。また、国際関係論、戦略学などの翻訳を中心に、若者向けの国際政治のセミナーなども行う。

著書に『地政学　アメリカの世界戦略地図』(五月書房)、『"悪の論理"で世界は動く! 』(李白社)、『世界を変えたいなら一度"武器"を捨ててしまおう』（フォレスト出版）、訳書に『大国政治の悲劇』(ジョン・ミアシャイマー著)、『米国世界戦略の核心』(スティーヴン・ウォルト著)、『進化する地政学』(コリン・グレイ、ジェフリー・スローン編著)、『胎動する地政学』(コリン・グレイ、ジェフリー・スローン編著)、『幻想の平和』(クリストファー・レイン著)、『なぜリーダーはウソをつくのか』(ジョン・ミアシャイマー著、以上、五月書房)、『戦略論の原点』(J・C・ワイリー著)、『平和の地政学』(ニコラス・スパイクマン著)、『戦略の格言』(コリン・グレイ著、以上、芙蓉書房出版)、『インド洋圏が、世界を動かす』(ロバート・カプラン著、インターシフト) がある。

サクッとわかる ビジネス教養　地政学

2020年 6 月25日　初版発行
2022年 4 月25日　第17刷発行

監修者　奥山真司
発行者　富永靖弘
印刷所　公和印刷株式会社

発行所　東京都台東区台東２丁目24　株式会社 新星出版社
〒110－0016　☎03(3831)0743

ISBN978-4-405-12009-9